Karsten Frederiksen

Tre år i retreat

– en personlig beretning

Tak

Jeg vil gerne sige tak til Inger for at have støttet mig og medvirket til, at jeg kunne gennemføre et tre-års retreat. Tak til børnene for at acceptere en far, der mediterer så meget. Tak til min mor og mine søskende for i over tre år, at have accepteret mit fravær, når der har været runde fødselsdage, konfirmationer og julefrokost i familien. Tak til min nærmeste familie for at have gennemlæst og kommenteret manuskriptet. Tak til kursisterne som har været en vigtig del af retreat-projektet.

Denne bog er tilegnet Jes Bertelsen,
der vedholdende og hjerteligt
øser ud af dzogchenlinjens visdomskilde.

Indholdsfortegnelse

Indledning

Ingen alkohol, ingen ferier, intet kød, ingen familiefester, ingen TV, ingen aviser, ingen restaurant-besøg, ikke gå på arbejde. Og så bare sidde der i en skurvogn eller ude under åben himmel i skrædderstilling og stirre tomt ud mod himlen og ind i sindet. I timevis dag ud og dag ind. Måned ud og måned ind. År ud og år ind. I alt i tre år, tre måneder og tre dage. Det kan man kalde: At være i et tre-års retreat.

Nogle vil nok tænke: Denne mand må være sindssyg – eller også bliver han sindssyg af det. Andre nøjes nok med være nysgerrig og tænke: Gad vide, hvad der får en mand i sin bedste alder til at bruge over tre år af sit liv på den måde? Dem, der arbejder med spirituel udvikling, og selv har prøvet at være i kortere eller længere retreats, vil måske tænke: Godt gået, Karsten.

Retreat (eller retræte, som det hedder på dansk) betyder tilbagetrækning. Det handler om at trække sig tilbage i afsondrethed. Det kan have forskellige formål. I dag tilbydes retreatkurser med mange forskellige formål. F.eks. at få stress ud af kroppen, at træne mindfulness-meditation, at arbejde med selvindsigt eller at træne yoga. Oprindeligt har retreats været forbundet med spirituelle udviklingssystemer og har haft et spirituelt opvågningssigte. Hos os her i Danmark er der ingen tradition for at gå i et tre-års retreat. Der er ikke trådt nogen sti, man kan følge. Der er stier i andre traditioner og kulturer, som har været betrådt i hundredvis af år, og som spirituelt søgende fortsat går på. Det gælder inden for de fleste spirituelle traditioner, jeg kender til. Den sti, jeg har forsøgt at efterligne og blive inspireret af, er en 1200 år gammel og meget veltrådt sti, som hører til den tibetanske buddhisme. Nærmere bestemt dzogchen-traditionen.

I skrivende stund er jeg ved at afrunde et tre-års retreat. Som en del af afrundingen har jeg valgt at skrive denne lille bog. Bogen er nok mest interessant for dem, der i forvejen mediterer, arbejder med bøn eller på anden måde er interesseret i spirituel udvikling. Men den kan også læses af dem, der bare er nysgerrige og ønsker at få indblik i en meget anderledes måde at bruge sit liv på.

Jeg har kaldt det en personlig beretning, fordi jeg har valgt at lade læseren få indblik i min personlige baggrund, min spirituelle udviklingsbane, oplevelser under retreatet samt hvad der har været af vigtige drømme.

1: Baggrund

1.1 Lidt livshistorie

Hvad er det så, der har fået mig til at gå i et tre-års retreat? Her kommer i korte træk noget af min livshistorie, som kan kaste lidt lys på, hvor det startede.

Jeg er født i 1958, som nummer tre af en søskendeflok på fem. Begge mine forældre er bankuddannede. Da de fik min ældste bror, blev min mor hjemmegående. Jeg gjorde mig ikke særlig bemærket udover, at jeg som helt lille var meget stædig. Det kan jeg nu se er blevet til en kvalitet ved, at den er blevet til en vedholdenhed. Vedholdenhed er en absolut nødvendighed for at kunne være så lang tid i retreat. Mine forældre var kristne på et meget jævnt niveau. De gik i kirke få gange om året. Jeg husker, at jeg normalt kun var i kirke juleaften – og det var helt frivilligt. Der blev aldrig snakket religiøse spørgsmål. Jeg passede skolen, gik til flere former for sport, havde fritidsjob og mange kammerater. Jeg vil sige, at jeg havde en almindelig barndom uden de store problemer. Det var et middelklasse-miljø med almindelige middelklassenormer. Finkultur var der ikke noget af. Der var ikke så meget at leve op til, hvilket gav en frihed til den livsbane, jeg senere skulle ind på.

Så kom gymnasietiden, hvor jeg fortsat dyrkede en del sport og stort set lavede mine lektier. På biblioteket fandt jeg tilfældigvis en bog om meditation. Den fangede min interesse. Metoden var noget der ligner mindfulness-meditation. Jeg prøvede det og kunne mærke, det havde en positiv virkning i form af en behagelig kropsfornemmelse samt en mental klarhed. Det var således det første tegn på, i mine første 17 leveår, at jeg skulle komme til at beskæftige mig så meget med meditation – og 40 år senere gå i et tre-års retreat.

De spæde erfaringer med meditation var medvirkende til, at jeg begyndte at læse psykologi på Århus Universitet. Det var en spændende tid. En tid, hvor mange psykoterapiformer blomstrede. De oplevelsesorienterede terapiformer var populære. Der blev eksperimenteret med grænser, sociale relationer, kropsligt udtryk, følelsesmæssigt udtryk, fantasirejser, kreativitet og meget mere. Jeg faldt over gestaltterapien, som bl.a. har rødder i zen-buddhismen. I dele af gestaltterapien fandt jeg en bro mellem terapi og meditation. Det blev kaldt: Her-og-nu-opmærksomhed, som er en form for verbaliseret meditation. Det endte med, at jeg tog flere psykoterapiuddannelser – i gestaltterapi, i kriseterapi og i kropsterapi.

Flere meditationsformer blomstrede også i denne tid. De kom fra østen. Folk tog til Indien og Nepal tillokket af østens mystik. Nogle faldt for en guru og gik ind i en nyreligiøs bevægelse. Nogle af disse bevægelser fik millioner af tilhængere i hele verden. Jeg var også på rejse i østen og fik snuset til østens mystik og de forskellige religiøse bevægelser. Men jeg knyttede mig ikke til nogen bestemt retning. Jeg eksperimenterede på min egen måde. Her er et eksempel: Som psykologistuderende tjente jeg penge ved at være livredder ved et udendørs svømmebad. Nogle gange var der dårligt vejr og næsten ingen gæster. Så der var god tid. Der var tid til at eksperimentere med at meditere. Jeg lavede åndedrætsøvelser og gå-meditation i omklædningsrummet, hvor jeg kunne være uforstyrret. Det er en teknik, hvor man går i slowmotion og er samtidig bevidst opmærksom på vejrtrækningen. Jeg opdagede, at det havde en stor virkning, når jeg spillede skak med de andre livreddere. Jeg var nybegynder i skak. Men når jeg lige havde været i omklædningsrummet og lavet mine meditationsøvelser, var jeg så klar i hovedet, at jeg kunne spille lige op med nogle af de andre, som havde spillet skak i mange år. Den slags erfaringer havde jeg mange af, og hver gang gjorde det mig blot mere nysgerrig. Jeg ønskede at forstå, hvad det var, der skete. Jeg kunne fornemme et stort potentiale i meditationen. Så mere og mere tid gik med at meditere og eksperimentere. Det endte også med, at jeg på psykologistudiet skrev speciale om meditationens psykoterapeutiske anvendelsesmuligheder. Jeg læste alt, hvad jeg kunne få fat i af bøger om meditation og psykoterapi.

På psykologistudiet mødte jeg Inger. Vi blev kærester. Vi flyttede sammen, da afslutningen af studiet nærmede sig. Så fik vi vores første datter og flyttede til Esbjerg, hvor jeg fik arbejde. Vi flyttede senere ud på landet mellem Esbjerg og Grindsted. Det var i 1986, og her bor vi stadigvæk. Vi fik endnu en datter. Vi var nu en kernefamilie og fungerede som en helt almindelig familie med alle de gøremål og glæder, det giver. Dette satte imidlertid ikke en stopper for meditationen. Hverken for Inger eller mig. I mange år stod jeg tidligt op om morgenen, inden børnene vågnede, for at meditere. Da børnene var kommet i seng, satte jeg mig igen til at meditere. Børnene er vokset op med, at vi voksne havde vores daglige meditationsperioder og accepterede dette. Jeg blev i 1997 privatpraktiserende psykolog med klinik hjemme. Et par år senere begyndte Inger også at arbejde i klinikken. Det gav endnu større muligheder for meditationen.

Inger havde været involveret i en af de store bevægelser fra Østen (Transcendental Meditation), men hun var sprunget fra dette system. Hun var nu i stedet begyndt at komme hos Jes Bertelsen.

1.2 Mødet med Jes Bertelsen

Jeg havde læst de bøger, Jes Bertelsen havde skrevet, men havde ikke mødt ham. Inger fik lokket mig med til et kursus hos ham i efteråret 1983. Han havde sammen med sin daværende kone, Hanne, startet Vækstcenteret i Nørre Snede på den midtjyske højderyg. Jeg blev straks fascineret af Jes. En dengang ung mand med en enorm viden om lige netop alle de ting, jeg var interesseret i. En mand, der havde gjort akademisk lynkarriere og havde mod til at droppe denne karriere for at starte Vækstcenteret. En mand med en mental klarhed og skarphed, jeg ikke havde oplevet hos noget andet menneske. Så jeg begyndte at komme en del på Vækstcenteret. I alle de mange år er jeg kommet der jævnligt. Det er sammenlagt blevet til mange kurser. Der var dog en periode, hvor jeg ikke kom der så meget. Det var i årerne 1989-1999, hvor jeg fandt stor inspiration hos den nu afdøde irske healer, selvudviklingslærer og spirituelle vejleder: Bob Moore.

1.3 Mødet med Bob Moore

Det var nogle fantastiske år hos Bob Moore. I de ti år jeg kom hos ham, var jeg på kurser ca. to gange om året, og få gange var jeg til individuelle konsultationer hos ham. Jeg var også dengang flittig med at meditere. Jeg lavede hver dag alle de øvelser, han gav os. Og der var mange øvelser. På hvert kursus gav han os en ny øvelsesrække. Øvelserne handlede meget om at arbejde med kroppens energistrømme, chakraerne, forskellige punkter på kroppen, farver, symboler og healing.

Mange, der kom hos Bob, begyndte i forskellig grad at kunne sanse energi og havde mange oplevelser under meditationerne. Flere begyndte at bruge healing som et arbejdsredskab i arbejdet med andre. Jeg hørte ikke til dem, der begyndte at kunne se energi og mente derfor ikke, det var i orden, at jeg brugte healingen i særlig stort omfang. Det blev kun i visse tilfælde og i begrænset omfang, at jeg brugte healingen, som en mindre del af klientbehandlingerne, som ellers mest var af psykoterapeutisk karakter. Men jeg havde heller ikke et mål med hverken at kunne se energi eller blive healer. Egentlig havde jeg slet ikke noget bevidst mål med at komme hos Bob Moore. Jeg kunne bare mærke, at det havde en god virkning at være på kurser hos ham. Det havde også en virkning at lave de mange øvelser hjemme. Bob var et utroligt rummeligt og hjerteligt menneske. Uanset hvad vi kursister kom med af problemer og spørgsmål, kunne han rumme os. Der var plads til alle. Måske er det netop Bobs rummelighed og hjertelighed, der har givet mig så meget gennem disse år.

Bob holdt med at undervise i 1999 på grund af helbredet. Jeg havde mange drømme, som pegede på, at det var det rigtige for mig at vende tilbage til Jes. Det var også et naturligt skifte, idet Bob havde været Jes' lærer.

Set i bakspejlet har årene hos Bob været af afgørende betydning for, at jeg kunne tage imod Jes' undervisning.

I løbet af de sidste par år hos Bob begyndte jeg at få en del drømme om den tibetanske buddhisme. Jeg spurgte Bob, om det var drømme, jeg skulle tage bogstaveligt og dermed begynde at beskæftige mig med den tibetanske buddhisme. Det mente han.

1.4 Mødet med den tibetanske buddhisme

Da jeg igen begyndte at gå på mange kurser hos Jes sidst i 90'erne, begyndte jeg samtidig at beskæftige mig med den tibetanske buddhisme. Det skyldtes, at Jes havde mødt den tibetanske mester Tulku Urgyen Rinpoche under en rejse til Nepal i 1989. Et møde, der efterfølgende prægede Jes' undervisning. Dermed blev den tibetanske buddhisme – gennem Jes' undervisning – min hovedinspirationskilde i den spirituelle udviklingsproces. Siden har jeg ikke haft trang til at forsøge mig med andre inspirationskilder.

Tulku Urgyen var en af de helt store tibetanske mestre, som var flygtet fra Tibet, da kineserne invaderede landet. Han tilhørte dzogchen-traditionen. Han var en af de gamle mestre, som virkelig havde siddet meget i retreat – sammenlagt over 20 år af sit liv. Det er imponerende. Så mit tre-års retreat er jo ingenting sammenlignet med den tid Tulku Urgyen, og andre store mestre fra det gamle Tibet, brugte på at sidde i retreat. Jeg har aldrig selv mødt Tulku Urgyen. Så det, jeg ved om ham, er dels, hvad Jes har fortalt, og dels, hvad jeg har kunnet læse mig frem til.

Inden for dzogchen-traditionen er endemålet for en spirituel opvågningsproces at nå til eller genkende den oplyste bevidsthedstilstand – på tibetansk kaldet Rigpa. Så vidt jeg ved, kan man finde det samme endemål i alle andre spirituelle udviklingssystemer. Tulku Urgyen var, ifølge Jes, fuldt oplyst. Det vil sige, at han var i den oplyste bevidsthedstilstand 24 timer i døgnet. Dzogchen er kendt som den mest avancerede meditationsform i den tibetanske buddhisme.

Tulku Urgyen havde en mester (Samten Gyatso), som hjalp ham til genkendelse af Rigpa. Denne mester havde også en mester, som havde en mester, osv. På den måde går der en linje af mestre langt tilbage i tiden via lærer-elev transmissioner – helt tilbage til Padmasambhava, som førte buddhismen til Tibet for ca. 1200 år siden. Fra Padmasambhava går linjen videre tilbage til Garab Dorje, som er grundlæggeren af denne linje.

Det, jeg synes er interessant og tiltrækker mig ved den tibetanske buddhisme, er, at den er en spirituel tradition, der har været levende og integreret i det tibetanske samfund gennem 1200 år. Det betyder, at man har meget erfaring med og viden om spirituel udvikling og vejen til oplysning. Det har hele tiden været min fornemmelse, at den tibetanske buddhisme er en kæmpe stor skattekiste, som jeg, og muligvis mange andre her i vesten, kunne have gavn af at åbne.

I de gamle tibetanske tekster har jeg hørt, at der ligger forudsigelser om, at buddhismen skulle fra Tibet, tilbage til Indien og videre til vesten. Umiddelbart efter kinesernes invasion af Tibet flygtede mange af de store mestre til Indien og Nepal. Så kom den tibetanske buddhisme til Indien, og første del af den gamle forudsigelse gik i opfyldelse. Om den sidste del af forudsigelsen også går i opfyldelse, vil tiden vise. Foreløbig har vesten vist stor interesse for den tibetanske buddhisme. Der er blevet etableret mange buddhistiske centre i den vestlige verden, og mange tibetanske lamaer har undervist i vesten.

Hele den store mindfulnessbølge, der de seneste år er rullet ind over vesten, er et eksempel på, at noget af buddhismen har kunnet finde vej til os – på en meget konstruktiv og gavnlig måde. Jeg bruger selv mindfulnessmeditation som en del af behandlingstilbuddet til klienterne i psykologklinikken.

Mindfulnessmeditation er for mig at se imidlertid kun en lille del af skattekisten. Det ser imidlertid ud til at være en vanskelig opgave at åbne skattekisten helt op og få de dybere dele af den tibetansk buddhistiske visdom overført til os.

1.5 Vanskeligheder

En af vanskelighederne er, for mig at se, forskellene mellem den tibetanske kultur og den vestlige. Mange af os vesterlændinge blev – og bliver fortsat – tiltrukket af den østlige mystik. Også den tibetanske buddhisme. Det er fremmed, spændende og mystisk. Men problemet er, at det er vanskeligt at få metoder, der er opbygget i en tibetansk kontekst, til at hænge sammen med den vestlige kultur, psyke og tankegang. Sådan var det for mange år siden, da jeg begyndte at interessere mig for buddhismen. Og sådan er det stadig. Mange har alvorligt forsøgt at arbejde med de teknikker og metoder, som de tibetanske lamaer foreslog. Men mange stødte panden mod en mur. Så vidt jeg kan se, var muren, at dele af disse teknikker og metoder ikke matchede den virkelighed, en vesterlænding oplever.

Et eksempel kunne være en kvinde, der har haft en meget autoritær far, der oven i købet var voldelig. Det sætter sine spor i psyken og personligheden. Det kan f.eks. resultere i en angst og/eller store problemer med de autoriteter, man senere møder. Disse problematikker støder man ind i, når man begynder at meditere og kikke indad i sig selv. Man er nødt til at se på disse problemer og arbejde med dem. Ellers bliver det til den mur, man bremses af på vej hen mod en opvågningsproces. Man kan også sige, at der skal ske en udrensning i psyken for at komme forbi muren. De metoder, man bruger til udrensning i den tibetanske buddhisme, falder ind under det, man kalder ngöndroen. Ngöndroen består hovedsageligt i at lave glidefald, fremsige mantraer, lave ofringer og lave visualiseringer. Det skal man gøre hundrede tusindvis af gange. Så siger man, at krop og psyke bliver renset – også for de ar i sjælen, som den autoritære far har givet. Men en vesterlænding vil ikke nødvendigvis føle sig renset efter 100.000 glidefald, 100.000 visualiseringer af en guddom, ofringer af 1.000 smørlamper til en guddom eller 1.000.000 fremsigelser af mantraet OM MANI PADME HUNG. Det kan måske ligefrem virke meningsløst i forhold til den autoritetsog angstproblematik, man oplever. Faderen sidder måske stadig i baghovedet.

Efter de mange år jeg har beskæftiget mig med både psykoterapi og meditation, vil jeg mene, at personen med farproblematikken sandsynligvis ville få mere ud af at komme i et psykoterapeutisk forløb. Hvis man ellers finder den rette terapiform og den rette psykolog/terapeut, vil man kunne arbejde direkte med dét, der konstant dukker op, når man mediterer – nemlig forholdet til faderen. Der er for mig at se altid en hel del placebo i alle metoder, der arbejder med forandrings-processer. Hvis man tror nok på mantraer, visualiseringer, ofringer og glidefald, er det muligt, at det virker. Hvis man tror nok på et psykoterapeutisk forløb, er det muligt, at det virker. Det ligger nok mest til os vesterlændinge at tro på den psykoterapeutiske model.

For mig at se kan man således ikke umiddelbart overføre alle dele af den tibetanske buddhisme til os. Noget skal omformuleres og tilpasses.

Dalai Lama har engang sagt, at kun 10 % af den tibetanske buddhisme kan overføres til vesten. Resten skal omformuleres og tilpasses den vestlige kultur og tankegang.

Som jeg ser hele det langstrakte og omfattende projekt Jes har sat i gang, er det et bidrag til en sådan omformulering og tilpasning.

1.6 Tilpasning og omformulering

Som tidligere nævnt mødte jeg første gang Jes på Vækstcenteret i 1983. Vækstcenteret er et sted, hvor man har eksperimenteret og arbejdet meget med mange metoder til at få alle dele af personligheden og livet integreret og i balance. Selvudvikling kaldes det. Samtidig har man arbejdet på at få en indre selvudviklingsproces til naturligt at hænge sammen med det ydre liv, man lever – økonomi, uddannelse, bolig, arbejde, parforhold og familie. Hele dette arbejde har haft og har fortsat et spirituelt sigte. Altså selvudvikling med et opvågningssigte. Eller selvudvikling med en spirituel horisont. Gennem alle årerne har der har været højt til loftet. Alle mulige metoder er blevet anvendt – uanset hvilke systemer, de er udsprunget af. Både spirituelle systemer, selvudviklingssystemer og psykoterapeutiske skoler. Det hele er foreløbig mundet ud i en grundpædagogik, som kaldes Vækstcenterpædagogikken. Her arbejder man ud fra "femkanten", pentagrammet eller empatistjernen – kært barn har mange navne. Det er fem veje eller porte ind mod det, man kunne kalde menneskets essens eller en opvågning til Rigpa.

Det, jeg synes er godt og enestående ved femkanten, er, at de fem porte er renset for et religiøst sprogbrug. Det handler om noget almenmenneskeligt: Kroppen, åndedrættet, kreativiteten, hjertet og bevidstheden.

For mig at se kan disse veje ind mod essensen erstatte eller supplere nogle af de udrensende metoder, som den tibetanske buddhisme anvender – som nævnt før i eksemplet.

Der er flere forhold omkring den tibetanske buddhisme, som de fleste af os vesterlændinge nok ikke kan forlige os med. Det gamle Tibet var et middelalderligt feudalt samfund, hvor demokrati og ligestilling mellem kønnene mig bekendt ikke eksisterede. En omformulering og tilpasning må nødvendigvis indbefatte demokrati og ligestilling. En anden ting er, at vi jo lever i et rigt samfund med en høj grad af materiel og økonomisk frihed. Det giver andre betingelser og andre muligheder end i det gamle Tibet.

Et vigtigt redskab man har brugt inden for den tibetanske buddhisme er at sidde i retreat. Som nævnt før sad de gamle mestre rigtig mange år af deres liv i retreat. De betragtede det som et absolut nødvendigt redskab, hvis man vil dybere ind mod essensen. At jeg lige nu er ved at afrunde et tre-års retreat er også et forsøg på at finde en tilpasset form, hvor dette vigtige redskab kan blive meningsfyldt, realistisk og balanceret i en vestlig kontekst. De erfaringer, jeg gør mig, kan så forhåbentligt bygges videre på af andre.

1.7 Familielivet, arbejdslivet og det spirituelle liv

Hvad kan jeg så konkludere ved at gøre et tilbageblik på min livshistorie, mødet med Jes, mødet med Bob og mødet med den tibetanske buddhisme? Det har været en lang vej frem til nu at være i en afslutningsfase i et tre-års retreat. Ca. 40 års arbejde med psykoterapi, selvudvikling og meditation. Noget af kunsten i dette lange forløb har været at få det hele til at hænge sammen. Det gælder både uddannelse/arbejdsliv, familieliv og selvudvikling/det spirituelle liv. I den tibetanske tradition er der mulighed for udelukkende at vælge det spirituelle liv. Man kan gå i kloster og dermed droppe både det at stifte familie og det at arbejde og tjene penge. Jeg har ikke været tiltrukket af at droppe familieliv og arbejdsliv og hellige mig det spirituelle liv ved at gå i kloster. Det ligger ikke i vores kultur, og det ligger ikke til mig. Da jeg var ung passede en selvudviklingsproces og det at arbejde med psykoterapi godt ind i det at være psykologistuderende. Jeg kunne se, at det var nødvendigt med selvindsigt og bearbejdning af min egen psykiske rygsæk for senere at kunne arbejde med andre mennesker som psykolog. Der var ingen problemer i at få det hele til at hænge sammen. Så kom fasen med at stifte familie og komme i gang med arbejdslivet som psykolog. Som tidligere nævnt kunne jeg få det hele til at hænge sammen ved at stå tidligt op om morgenen og komme i gang med meditationen, inden børnene stod op. Der var ikke meget spildtid. Børnene skulle jo have den plads, de skulle – familielivet var det primære. Det spirituelle liv fik anden-pladsen, og først på tredjepladsen kom arbejdslivet. Da børnene flyttede hjemmefra, begyndte jeg at gå i tre måneders retreats hvert år. Det betød, at det spirituelle fik første prioritet – både når jeg var i retreat og i hverdagen. Gennem årene har jeg langsomt bygget mængden af meditation i hverdagen op, hvor jeg i starten sad ca. en periode (50 minutter) om dagen. Ca. hvert andet år blev der lagt en periode oveni. De seneste mange år er det så blevet til fem til seks perioder om dagen. Det virkede helt naturligt og uanstrengt for mig at bygge det op på den måde. Afgørende for at få det hele til at hænge sammen har også været, at Inger har valgt at prioritere på samme måde. De sidste tre år, under det lange retreat, har det været muligt at flette de tre områder sammen med hovedvægt på det spirituelle. Dels har jeg kunnet meditere så meget, jeg har haft lyst til, så det spirituelle liv har kunnet udfolde sig. Dels har jeg kunnet leve af at holde kurser i meditation. Dette er hovedsageligt foregået hjemme og dermed en integreret del af retreatet.

Sammenlagt synes jeg selv, at jeg har haft nogle meget heldige omstændigheder i mit liv. Jeg har også været heldig med de valg, jeg har truffet. Det har været en naturlig proces for mig, at nå frem til nu at nærme mig afslutningen på et tre-års retreat. Trods heldige omstændigheder, heldige valg og den naturlige og forholdsvis uanstrengte proces, er det åbenbart meget vanskeligt at nå til en opvågning eller Rigpa. Dette har undret mig meget, og jeg tror, det undrer de fleste. Hvad er forhindringerne? Det er, hvad næste kapitel handler om.

2: Udrensning

2.1 Stenen og guldklumpen

I den buddhistiske litteratur kan man støde på det billede, at essensen er en guldklump, man har i hånden. Guldklumpen er imidlertid dækket af snavs og ligner en helt almindelig sten. Så man kan ikke se, at det er en guldklump. For at kunne se guldet skal stenen renses. Guldet er skjult. Det kan godt lyde let bare at rense en sten. Men det er ikke let. Der er åbenbart et tykt og meget hårdt lag snavs på stenen, siden det er så svært at nå ind til guldet – nå til en genkendelse af Rigpa. Hvad er det så snavset består af, og hvilke metoder skal man bruge for at rense stenen?

2.2 Udrensning af de biografiske spor

Mange grundlæggende problemer gennem livet har rødder tilbage i barndommens første syv leveår. Selvfølgelig er der mange problemer, der opstår senere i livet, men måden, vi takler voksenlivets problemer på, har ofte rødder langt tilbage i tiden. Igennem mit arbejde som psykolog i mere end 35 år, kan jeg bevidne dette. Psykologarbejdet består jo i at hjælpe mennesker ud af problemer. Det er rigtig mange mennesker, jeg har forsøgt at hjælpe gennem årerne. Klienternes problemer har hovedsageligt været: Angst, depression, stress, mangel på selvværd, tabs-kriser og eksistentielle kriser. For at komme til bunds i disse problemer har det oftest været uundgåeligt, at arbejde med fortiden – altså rense de biografiske spor.

Når vi undfanges, har vi ingen identitet, intet jeg. Vi er et ubeskrevet blad. Genpuljen fra æg og sædcelle bestemmer det meste af udviklingen. Men den ydre påvirkning er godt i gang, allerede mens vi er i livmoderen. Så kommer fødslen. En voldsom stor påvirkning efter at have været beskyttet i livmoderen i ni måneder. Lungefunktionen går i gang, og vi skal til at indtage føde gennem munden. Men vi kan ikke huske det. Vi har ikke et sprog til at sætte ord på. Vi har ikke en jegstruktur og personlighed til at organisere de voldsomme indtryk fra fødslen. Langsomt begynder barnet at blive selvvidende. Det opdager sin hånd, og kan begynde at styre hånden. Barnet begynder at række ud efter ting i omverdenen. Fra at have været ét med mor i livmoderen, begynder barnet nu at opleve, at det er forskelligt fra mor. Det er fysisk adskilt fra mor. Det finder hurtigt ud af, at der er noget, der er behageligt, og der er noget, der er ubehageligt. Det finder ud af, at det bare skal skrige for at få mad. Det skal også bare skrige, hvis det ikke vil sove alene, men hellere vil sove mellem far og mor. Det finder ud af, at forældrene bliver så glade, når det smiler og siger sjove lyde. Og sådan bliver det ved. En fortsat interaktion med omgivelserne. En fortsat adskillelsesproces. En fortsat selvstændiggørelse. En fortsat tilpasning til familien og kulturen. En proces, hvor grundstenene bliver lagt de første syv leveår og bygges videre på resten af livet. En proces, der sjældent er helt uproblematisk. Et barn vil næsten altid opleve svigt. Et barn vil næsten altid blive begrænset i tilpasningsprocessen. Der skæres en hæl og klippens en tå. Og hvis det ikke bliver begrænset, giver det også problemer. Curling-børn kan blive meget selvcentrede og mangle sans for andres grænser. Der skal dannes solide grundlæggende strukturer for at kunne fungere. Et jeg er nødvendigt for at kunne fungere. Det har også omkostninger. Det er omkostningerne og skævhederne, der tilslører guldet. Det er omkostningerne og skævhederne, man er nødt til at se på og få renset ud i for at guldet kan komme til syne. Det er min påstand ud fra både, hvad jeg har oplevet på egen krop, og hvad jeg har set hos andre mennesker – både klienter og de mange mennesker, jeg har fulgt i en selvudviklings- og opvågningsproces.

Der findes mange metoder til udrensning af de biografiske spor. Og der opstår hele tiden nye. Jeg har i løbet af de sidste 40 år fulgt med i, hvad der sker indenfor psykologisk behandling eller psykoterapi. Metoder kommer og går – oftest gammel vin på nye flasker. Nogle tager udgangspunkt i kroppen. Nogle i følelserne. Nogle i tankerne. Nogle i kreative udtryk. Nogle i mellemmenneskelige relationer. Nogle i familiestrukturerne. Nogle i her og nu. Nogle i fortiden.
Jeg tror ikke, at nogle metoder er bedre end andre. Eller nogle metoder er tættere på en objektiv sandhed end andre. Man må prøve sig lidt frem. Ofte er det ikke selve metoden, der afgørende. Men i stedet kan den relation og tillid, man har til behandleren/psykologen, være den mest afgørende faktor for, om udrensningen bliver vellykket.

Målet med en udrensning bliver formuleret meget forskelligt i forskellige systemer. Nogle generelle formuleringer kunne være: Mere hvilen i sig selv, færre projektioner, mere udfoldethed, mere accept af sig selv og andre, mere medfølelse, mere tilfredshed, større selvtillid, mere frihed, mere fleksibilitet og mere glæde. En anden måde at formulere målet på er at skabe et mere velintegreret, balanceret og udfoldet jeg. Altså har de fleste udrensnings-metoder ikke et opvågningssigte.

2.3 Udrensningens mange veje

Der er andre veje til udrensning end psykoterapi/psykologisk behandling. Veje, der har et opvågningssigte, og er lejret i spirituelle systemer. Der findes sikkert rigtig mange. Jeg har mere eller mindre kendskab til tre systemer, som jeg har benyttet mig af, og som jeg derfor vil nævne her.

Bob Moore øvelser: Jeg har lavet et utal af meditationsøvelser i de ti år, jeg gik hos Bob. Mange af øvelserne gik på at lade bevidstheden dvæle ved forskellige punkter på kroppen og forbinde forskellige punkter med hinanden. Nogle gange kombineret med farver eller lyde. Mange af disse øvelser kan forstås som et forsøg på at få bevidstheden til at trænge ind og opløse de blokeringer, der er i energibanerne, chakraerne og de forskellige psykiske punkter på og i kroppen. Altså en udrensning. Min erfaring er, at det virker. Ligeledes arbejdede vi en hel del med healing, hvilket også kan forstås som en slags udrensning. Vi lærte, hvordan man med healingsøvelser kan hjælpe hinanden med at opløse blokeringer og skabe mere balance. Det var først de sidste par år jeg var hos Bob, at han begyndte at tale om, at lade bevidstheden trænge bag fænomenerne og oplevelserne. Finde retningen mod det tidløse.

Hatha yoga: Jeg har lavet yoga ca. tyve minutter næsten hver morgen i måske 30 år. Det har været gavnligt i forhold til både kroppens smidighed og styrke. Hatha yogaen er – som de fleste nok ved – en del af et hinduistisk spirituelt udviklingssystem. Her har man flere hundrede års erfaringer med hatha yoga som en del af forberedelserne til den egentlige meditation. Det synes jeg også, jeg kan mærke med de klassiske yogaøvelser, som jeg holder mig til. På mig virker de også som en slags udrensning.

Ngöndroen: Som tidligere nævnt består ngöndroen hovedsageligt i at lave glidefald, fremsige mantraer, lave ofringer og lave visualiseringer. Formålet er at rense krop og sind for derved at blive mere klar til opvågningsprocessen. Hver morgen laver jeg et kvarters glidefald. Det er mest, fordi det er godt for kroppen, at jeg laver det. Endvidere arbejder jeg i perioder med visualiseringer som en del af det daglige meditationsarbejde. Endelig skal nævnes, at jeg også bruger tibetanske mantraer jævnligt. F.eks. har jeg i lommen en bedekrans – også kaldet en mala. Når jeg husker det, fremsiger jeg et mantra for hvert skridt, jeg tager, og flytter en perle på mala'en, når jeg går fra skurvognen og ind i huset. Det samme på tilbageturen. Det er for mig en god teknik til ikke at lade tilfældige tanker fange bevidstheden.

2.4 Fra jeg'ets frihed mod frihed fra jeg'et

Man kan arbejde mange år med en selvudviklingsproces og en udrensningsproces. De fleste kan også opleve en fremgang. Ellers ville man vel heller ikke blive ved i så mange år. Stenen man har i hånden er blevet mere renset og fin. Den er behagelig at have i hånden, og den er flot at se på – men guldet er fortsat skjult.

En anden måde at udtrykke det på er, at man i rimelig grad har frigjort sig fra de begrænsende og uhensigtsmæssige biografiske spor i krop og psyke. Jeg'et har fået en vis grad af frihed og er mere fri fra fortidens bånd. Friheden har ført til, at man måske har indrettet sit liv efter den, man inderst inde føler man er. Man har fundet en partner, hvor det går godt på alle måder. Man bor i sin drømmebolig. Man har et meningsfyldt job, hvor man kan udfolde sine talenter. Man har det i det hele taget godt med sig selv og det liv, man lever.

Alligevel kan man have en grundlæggende følelse af at være spærret inde – også selv om man har fået udviklet et meget balanceret og udfoldet jeg. Spærret inde i jeg'et. Spærret inde i tid, rum og krop. Man kan høre mange steder fra og læse mange steder, at der er en mulighed for at opnå en total og altomfattende frihed – som langt overgår den frihed, man kan opnå i en udrensnings- og selvudviklingsproces. Man kan læse sig frem til, at det kan ske ved, at man transcenderer eller slipper jeg'et. Guldet vil først komme til syne, når jeg'et slippes helt.

Men det er svært at forestille sig at være uden et jeg. Det er så indgroet, så automatisk. Vi er jo den, vi er. Og hvordan skal man kunne slippe den, man er?

Meget af vores adfærd er på et instinktivt niveau, som sker automatisk og ureflekteret. Vi registrerer gennem sanserne, hvad der er i omverdenen. Derefter vurderer vi lynhurtigt, om det er noget, man skal forholde sig til. Er det noget, man skal flygte fra eller tage afstand fra – sige nej til? Er det noget, man skal sige ja til? Eller er det noget, man kan være helt neutral overfor? Det er noget, vi formentlig har til fælles med det meste liv på jorden. Æd eller bliv ædt. Sådan er den barske virkelighed i naturen. Antennerne er ude, og rådyret er hele tiden på vagt. Øjne, ører og næse opfanger, hvad der rører sig omkring det. Hurtigt vurderer det, om rørelserne er noget, det skal sige ja til, tage kampen op mod, være ligeglad med eller flygte fra. Menneskets jeg deler på den måde verden op i sort, hvidt og neutralt – ligesom rådyret. Det er sådan, vi har lært at overleve. Det sidder dybt i os – formentlig er det indkodet i generne. De dybe automatiske og instinktive reaktionsmønstre har formentlig været nødvendige for at kunne overleve. At slippe helt – vil det ikke være imod vores dybe overlevelsesinstinkt?

Alle, der har arbejdet med selvudvikling, ved noget om og har erfaret dét at foretage nogle små slip. Det er at slippe nogle uhensigtsmæssige mønstre og få erstattet noget af jeg'et med et nyt og bedre jeg. De små erstatningsslip kan i sig selv være svære og kræve stort mod. Så er det ikke nærmest helt umuligt at slippe jeg'et helt?

Spørgsmålet er også, om man tør slippe jeg'et helt. De fleste kan fornemme, at det psykotiske kan lure om hjørnet. Jeg'et er et værn mod de store psykiske kollektive ubevidste kræfter. At slippe jeg'et er at slippe dette værn. Jeg har i nogle år arbejdet indenfor psykiatrien og har her haft med mange patienter at gøre, hvor de store kollektive kræfter ikke var under kontrol. Skræmmende. Angsten for sindssygen er for mange af os en af de største hindringer for at turde slippe jeg'et. Psykosen ligger jo latent i alle mennesker. Man har lavet nogle sansedeprivationseksperimenter, som viser dette. Forsøgspersonen bliver placeret i et badekar med kropsvarmt vand. Der er helt mørkt og lydisoleret. Altså så få stimuli som muligt. Efter kortere eller længere tid vil psykosesymptomerne begynde at vise sig. Så hvordan kan vi slippe jeg'et, uden at sindssygen slippes løs? Tør man risikere at blive sindssyg?

At slippe jeg'et helt kræver også, at hele fundamentet, som vores jeg og identitet bygger på, skal slippes. Vi deler tiden op i fortid, nutid og fremtid. Fortid er det, der var. Nutid er det, der er. Fremtid er det, der kommer. Det der var, har resulteret i det, der er. Der er en årsagssammenhæng. Alting har en årsag, og alting har en virkning. Alt liv på jorden. Alt ikke-liv på jorden. Solsystemet. Universet. Alt, hvad der har været, alt, hvad der er og alt, hvad der kan tænkes at komme, har en årsag og en virkning. Det er vist nok langt de flestes erfaring. Det bekræftes af, hvad videnskaben fortæller os. Det kan kaldes det mekaniske verdensbillede. Det mekaniske verdensbillede sidder dybt i de fleste mennesker – i hvert fald i mig. Det giver en tryghed, at alt har en årsag. Der kan ikke pludselig ske noget uden årsag, uden forklaring. Men hele dette verdensbillede skal også slippes, hvis jeg'et skal slippes. Hvem har egentlig lyst til at slippe dette verdensbillede og denne tryghed?

Hvis vi holder os til os mennesker, er det vist nok også langt de flestes erfaring, at vi har et valg. Det jeg, der har været i stand til at gøre sig nogenlunde fri af fortidens bånd, kan vælge. Vi kan dermed være medskaber af fremtiden. Hele selvudviklingsprocessen er en tro på, at vi har mulighed for at være medskaber af fremtiden ved at bryde fortidens bånd. Hele den liberale tankegang om, at vi er vor egen lykkes smed bygger vel også på denne forståelse. At slippe jeg'et helt vil altså også medføre, at vi slipper muligheden for at vælge – og hvem har egentlig lyst til det?

Man siger i zenbuddhismen, at det at slippe jeg'et helt er det samme som at dø på sin meditationspude. Det er det samme slip, man skal foretage, som i det øjeblik man tager den sidste udånding. Når det kommer til stykket: Hvem har lyst til at dø? Og hvem er egentlig parat til at slippe alt det, man har bygget op gennem livet?

Sammenlagt er der mange gode grunde til ikke at slippe jeg'et helt. Det er de grunde, der udgør det tilsyneladende uigennemtrængelige jernbeton-agtige lag på stenen, og som gør at guldet ikke kommer frem i lyset. Os, der alligevel forsøger, må have særdeles gode grunde til at prøve den umulige opgave det er, at trænge ind til guldet.

Så hvad er motivationen?

3: Motivation

Da jeg for over 40 år siden begyndte at læse om østens filosofi og mystik, var der én ting, jeg ikke lige kunne sluge: At den fysiske virkelighed er en illusion. Hvordan kunne man dog påstå dette? Alle vores fem sanser fortæller os jo, at vi er virkelige, at verden omkring os er virkelig. Alle andre mennesker kan bekræfte det. Jeg kan henvende mig til næsten hvilket som helst menneske på denne jord. Hvis jeg peger op mod solen og spørger: "Hvad er det?" – vil sandsynligvis alle give det samme svar: "Solen". Så hvordan kan man i østens visdom påstå, at solen er en illusion? Det er en stor mental udfordring at prøve at forstå dette. I dzogchen siger man det samme. Man sammenligner det med at være i en drøm om natten. Alle har jo den oplevelse, at det, der sker i drømmen er virkeligt – mens man drømmer. Man kunne f.eks. forestille sig, at jeg drømmer, at jeg rejser rundt i verden i mange forskellige kulturer. Hver gang jeg møder et menneske, peger jeg op mod solen og spørger: "Hvad er det?". Alle svarer: "Solen". Det er virkeligheden, mens jeg drømmer. Jeg ser solen med mine egne øjne – og stoler på min synssans. Jeg får det endda bekræftet, når jeg i drømmen rejser rundt i verden og spørger folk, om de ser det samme som mig. Men når jeg vågner op om morgenen, ved jeg, at det ikke var virkeligheden. Det var en illusion – en drøm. Nogle ubevidste processer havde blot om natten skabt en virkelighed, jeg troede, var virkelig. Påstanden i dzogchen og andre traditioner både fra østen og fra vestlige kristne mystikertraditioner er, at det, vi vågner op til om morgenen, blot er endnu en drøm. En provokerende og fascinerende påstand.

Det, man siger hos mystikerne, er, at den relative verden er virkelig i et relativt perspektiv. Altså så længe vi er rodfæstet i jeg'ets bevidsthed, er den relative virkelighed virkelig. Det er først, når man kan slippe jeg'et helt og vågner op til den oplyste tilstand, at beviset kommer for, at virkeligheden er en illusion. Os, der er rodfæstet i jeg'et, kan ikke forstå, at vi lever i en illusion. Jeg'et kan ikke forstå det. Mit begrænsede intellekt kan slet ikke forstå det. Vi kan gøre et forsøg: Vi oplever gennem vores sanser, vi definerer os selv ud fra vores navn, uddannelse, hvor vi bor, hvor mange penge vi har, hvilken bil vi har, hvilken familie vi kommer fra, hvilken mobiltelefon vi har, hvor mange venner vi har på Facebook, hvilket land vi er født i, hvem vores forældre er, etc. Men alt det, vi definerer os ud fra, er relativt i den forstand, at det er forgængeligt. Det er alt sammen noget, der er der lige nu. Men hvis vi tænker lidt dybere over det, vil det alt sammen forsvinde igen og blive til ingenting. Det er blot et spørgsmål om, hvor stort et perspektiv vi bruger i tid og rum. Når vi dør, er det der ikke mere. Og alt det vi efterlader, vil også forsvinde engang. Selv hvis vi har slået vores navn fast i verdens-historien, forsvinder det også på et tidspunkt. På et tidspunkt eksisterer jorden ikke mere. Så er der jo ikke nogen til at huske os. Væk som dug for solen. Jeg'et forgår og omverdenen forgår. At tro, at alting består, er en illusion. Så meget kan vores intellekt forstå. Så meget illusion kan vi forstå. Men det er ikke opvågning.

I dzogchen siger man, at vi har muligheden for at vågne op og blive rodfæstet i en bevidsthedstilstand, som går ud over tid og rum. En non-dual bevidsthed eller Rigpa. Hvis man læser forskellige østlige mystikere – og for den sags skyld også kristne mystikere – siger de alle det samme. De mystikere, jeg er bekendt med, der er nået til denne tilstand, siger alle, at den relative verden er en illusion. Det er først, når man når en transcendens af jeg'et, at illusionen forsvinder. Derfor kalder man det at vågne op. Når man vågner op, er man også fri af det fængsel jeg'et kan opleve, det er spærret inde i. Man når den totale frihed. Fri af tanker, fri af håb og frygt, fri fra døden, fri af problemer og bekymringer, fri fra kroppens besværligheder. Det er, hvad mystikerne påstår.

En fascinerende tanke. Når jeg virkelig prøver at tage den tanke helt ind, bliver det både dragende, svimlende og provokerende. Tænk hvis det er rigtigt, at bevidstheden kan gøre sig fri af det relative jeg – af tanker, bekymringer, ærgrelser, angsten for at dø, kroppen, penge, karriere, etc. – og være i den totale frihed. Frigjort fra tid og rum. Så er det jo logisk at sætte alt ind på denne frigørelse. Hvis jeg havde 10 millioner kroner, er det ulogisk at investere pengene i aktier i et firma, man ved, er ved at gå konkurs. Pengene vil være spildt. De vil være væk om kort tid. Det er bedre at investere pengene et sted, der er sikret langt ud i fremtiden. At investere al sin tid i jeg'et er spild af tid ifølge mystikerne. Jeg'et er jo alligevel væk om kort tid. I stedet vil det være logisk at investere sin tid i det vedvarende, det absolutte, som går ud over tid, er tidløst eller evigt.

Søren Kirkegaard har vist nok engang sagt, at problemet med os mennesker er, at vi tager det relative for at være absolut og det absolutte for at være relativt. Hvis nu det relative er det, der forsvinder, og det absolutte er det, der er evigt, kunne det tyde på, at Kirkegaard og mystikerne er enige.

Bob Moore sagde ofte de sidste gange, jeg var hos ham: Gå efter det, der er bag fænomenerne, og gå efter det, der ikke forsvinder. Han var tilsyneladende også enig med mystikerne.

Jeg vælger at tro på, at dzogchen, de kristne mystikere, Søren Kirkegård, Bob Moore og sandsynligvis så mange andre har ret. Dette er medvirkende til, at jeg – og mange andre – arbejder hen imod at slippe jeg'et helt for på sigt muligvis at vågne op til en frihed – fri af tid og rum.

Dette er et logisk motiv for at sætte meget ind på meditation og på at slippe jeg'et helt. For mig har det ikke været det afgørende motiv. Det afgørende motiv er erfaringsbaseret. I svømmebadets omklædningsrum fik jeg en erfaring: Meditation gav mental klarhed. Det gav mig lyst til at undersøge denne metode nærmere. Jeg fik som sagt både læst en del om emnet, og jeg fik eksperimenteret med at meditere. Det gav nye erfaringer, som gjorde mig endnu mere nysgerrig – jeg fik blod på tanden. Jeg brugte mere tid på at sidde og meditere. Igen nye erfaringer eller døre, der åbnede sig. Igen mere blod på tanden, større motivation. Hvad angår retreatene er det det samme mønster. Længere og længere retreats, som hver gang gav dybere og dybere erfaringer og dermed motiverede til at gå endnu dybere. Så hovedmotivet for mig har været de positive erfaringer, der langsomt er bygget op gennem årerne.

Der kan være mange andre grunde til at forsøge at slippe jeg'et. Jeg kender flere, der på et tidligt tidspunkt i deres liv, har haft religiøse oplevelser. Det kan ske spontant eller i ekstreme situationer (f.eks. nærdødsoplevelser, æter bedøvelse eller overgreb). En sådan oplevelse kan give en viden om og erfaring af, at der findes noget højere eller en spirituel dimension. Én med sådanne erfaringer kan ofte have en længsel efter at komme tilbage til denne dimension, fordi den almindelige bevidstheds dimension til sammenligning kan virke tung, trist og meningsløs. Dette kan føre til en spirituel søgningsproces og dermed blive en vigtig motivationsfaktor.

Jeg kender andre, der blot synes, at tilværelsen virker meningsløs, og forsøger at finde mening i de forskellige religiøse udviklingssystemer.

Der er også dem, hvor der brænder en ild inde i sjælen. Sjælen vil ikke finde sig i at være spærret inde i krop, tid og rum. Man kan ikke lade være med at sætte alt ind på at vågne op. Til en vis grad er en sådan ild tændt inde i mig. Det er en ild, der først er tændt langt henne i processen efter, at jeg havde gjort mig mange erfaringer med meditation.

Det næste afsnit kommer til at handle om, hvad der skal til for at nærme sig at kunne slippe jeg'et.

4: Akkumulation

Jeg har læst, at videnskabspersoner i 1800-tallet fandt ud af, at jorden er flere milliarder år gammel – og at solen derfor er mindst ligeså gammel. Man undrede sig over, hvordan solen har kunnet brænde så længe. Først i 1900-tallet fandt man ud af, at der i solen konstant finder en fusionsproces sted. Det er en proces, hvor brintatomer smelter sammen og bliver til helium. I denne proces frigøres enorme energi-mængder. Et kilo brint frigiver i en fusionsproces, hvad der svarer til den frigivne energi ved afbrænding af 20.000 tons kul. Det er ikke så sært, at man investerer mange penge på at efterligne solens måde at producere energi på. Specielt med de problemer vi har i dag med forurening og CO2-udslip. Ved en fusionsproces er der stort set ingen forurening, der er ingen CO2 udslip, og der er næsten uudtømmelige mængder af brændstof, idet brint kan udvindes af vand. Der er imidlertid store problemer med at efterligne solen. Specielt fordi der skal ske en opvarmning af brinten til 100 millioner grader før processen sættes i gang. Det er først ved så høje temperaturer, at atomkernens strukturer løsnes. Det vil sige, at brinten får en plasmaform, hvor brintatomets negativt ladede elektroner frigøres fra de positivt ladede protoner. Her kan sammensmeltningen af brintkernerne ske, og der dannes helium. I denne sammen-smeltning omdannes 0,7 % af brintmassen (det er ekstremt energiholdige neutroner, der frigøres) til energi i form af lys og varme. Når fusionsprocessen tændes bliver den selvforløbende, idet den frigivne energi gør, at temperaturen forbliver på de 100 millioner grader, hvorved processen kan fortsætte.

Når man har arbejdet med sig selv, har fået kastet lys på alle skyggesiderne, er blevet et mere harmonisk og balanceret menneske – og er blevet motiveret til at ville arbejde hen mod at slippe jeg'et – er det store spørgsmål: Hvordan gør man det? Hvordan komme forbi jeg'et og nå de til alle tider og i alle esoteriske udviklingssystemer så eftertragtede opvågningstilstande? Den proces kan sammenlignes med solens.

Uanset om vi har et veludviklet jeg eller ikke, er der en enorm sammenhængskraft i jeg'ets grundlæggende strukturer. Jeg'et bæres af det grundlæggende dualitetsprincip. Liv-død, godt-ondt, mandlig-kvindelig, du-jeg, opleveren-det der opleves, fortid-fremtid. Det er her sammenligningen kommer med brintatomet og fusionsenergi. Brintatomets struktur opretholdes af et meget kraftigt spændingsfelt mellem de negative elektroner, de positive protoner og de neutrale neuroner. Som sagt skal der kolossale energimængder til for at opløse denne struktur. Der skal meget energi til for at temperaturen kommer op på de 100 millioner grader. For at jeg'ets grundlæggende strukturer kan begynde at løsne op, skal der – ud over en meget afklaret motivation – normalt også en kæmpe stor indsats til for at samle de enorme energimængder, der skal bruges til dette. Akkumulering af energi er kodeordet. Først når der er akkumuleret store energimængder og disse rettes mod at slippe jeg'et, kan jeg'ets grundlæggende strukturer begynde at løsnes op.

For at der kan ske en tilstrækkelig akkumulering af energi, er det nødvendig at hente energi fra alle dele af livet – både det indre liv og det ydre liv. Hvad angår det indre liv, sker der som sagt i en selvudviklingsproces en frigørelse af energi. Den energi, der før var bundet i de fra fortiden skabte problematikker og adfærdsmønstre, bliver i bedste fald i en selvudviklingsproces frigjort. Man får mere energi til rådighed. Hvis denne energi ikke afspændes, begynder der en ske en akkumulering. Alene dét er vanskeligt for de fleste af os, fordi vi næsten automatisk bruger energien til en masse spændende og meningsfyldte gøremål. Man skal være meget motiveret til opvågning, hvis man skal komme fra en selvudviklingsproces til en egentlig opvågningsproces. Langt de fleste, jeg kender til, vælger ikke at fortsætte akkumuleringen. Det kræver en kæmpe indsats på meditationspuden – en større indsats end man er parat til. Og det kræver, at man fravælger mange ting i det ydre liv, som ellers opsluger éns opbyggede energi. Mange har en stor længsel efter den totale frihed, men er ikke villig til at betale prisen.

For at kunne akkumulere tilstrækkelige mængder energi er man også nødt til at se på, hvordan man indretter og bruger sit liv. For de fleste mennesker fylder arbejdslivet det meste. For rigtig mange mennesker er der et kæmpe pres på arbejdspladsen, som fører til alt for meget stress. I klinikken har jeg registreret denne tendens hos klienterne igennem de seneste år. Aldrig før har der været så mange klienter hos mig, der er sygemeldt på grund af stress. Når arbejdslivet fylder det meste, og det måske endda er et lidt for stresset arbejde, man har, kan der ikke ske en akkumulering af energi. Sådan har det også været for mig i det meste af mit liv. Det var først, da jeg gav spiritualiteten første prioritet, at jeg begyndte for alvor at kunne akkumulere energi.

For nogle år siden var der en trend, der hed "simple living". Det handlede om at forenkle livet. Skrue ned for forbruget og dermed skrue ned for behovet for at tjene penge. "Simple living" eller forenkling kunne være kodeordet for, at hverdagen ikke sluger al energien, og man så kan komme til at akkumulere energi. Det har været kodeordet for Inger og mig. Hele tiden vurdere om det er en absolut nødvendighed at bruge tid og penge på det, man lige har lyst til. Vurdere om det ikke er bedre at bruge tiden på meditationspuden. Ét er, hvad jeg'et har brug for. Ofte er det noget andet, sjælen har brug for.

For nu at opsummere kunne man altså sige, at det kræver store mængder af energi for at kunne nedbryde jeg'ets grundlæggende strukturer og dermed transcendere jeg'et. Denne energi er der normalt ikke, men kommer først ved en langvarig akkumulering af energien. Energi der hentes fra det indre via en selvudviklingsproces og fra det ydre liv via en forenkling.

Når så der er akkumuleret tilstrækkelige mængder energi, kan denne energi rettes mod jeg'ets grundstrukturer. På samme måde som energien, der rettes mod brintatomet. I begge tilfælde kan dette resultere i en transformation. I begge tilfælde frigør transformationen kolossale mængder af energi. Denne energi bliver i fusionsprocessen til lys og varme. I praksisprocessen bliver energien også til lys og varme – lys i form af bevidsthedslys, varme i form af hjerteenergi.

Selve metoden til at rette den akkumulerede energi mod en transcendens af jeg'et kaldes dobbeltrettet bevidsthed eller praksis. Det er, hvad det næste afsnit handler om.

5:
Praksis/dobbeltrettet bevidsthed

For at kunne nå den totale frihed er det altså nødvendigt at slippe jeg'et helt. Pædagogikken er, at man normalt først skal have udviklet et mere frit og autentisk jeg, for at et totalt slip kan finde sted. Nogle kan måske huske, at der fra gymnastiktimerne i skolen var noget, der hed et springbræt. Jeg'et er et springbræt. Hvis ikke springbrættet er solidt og spændstigt, vil det enten knække, hvis det ikke er solidt nok. Eller hvis det ikke er spændstigt nok, kan man ikke springe over bukken. Sådan er grundpædagogikken. Men der er undtagelser. Man siger samtidigt, at det er muligt at slippe helt, så snart jeg'et er dannet. Altså allerede fra syvårsalderen. Det kræver vist et helt usædvanligt talent for, at dette kan ske. For os almindelige mennesker ser jeg ingen anden udvej end at gå den langsommelige vej gennem opbygning af et spændstigt, autentisk og solidt jeg via selvudviklingen. Dernæst at arbejde med motivation og akkumulation af energi.

Selve metoden til at slippe jegstrukturen er i princippet meget enkel. Metoden kaldes praksis. Det handler om at lade opmærksomheden gå fra bevidsthedsindholdet til den bevidsthed, der registrerer indholdet. Hvis jeg ser på en sommerfugl, der lige er landet på en blomst for at suge nektar, vil min opmærksomhed almindeligvis være fokuseret på sommerfuglen. Måske igangsætter sommerfuglen nogle tanker og følelser. Opmærksomheden vil så rette sig mod disse tanker eller følelser. Tankerne går måske i retning af at vurdere, hvilken slags sommerfugl, det er. Følelsen går måske i retning af en glædesfølelse over at se sommerfuglens smukke farver. Derefter kan der komme en hel masse nye tanker eller associationer. Praksis er, at man ikke skal lade sig opsluge af synet af sommerfuglen og af de tanker og følelser, den vækker, men i stedet bliver man ved med at lade opmærksomheden gå i retning af den bevidsthed, der oplever og registrerer. Egentlig er det forkert at snakke om retning, fordi den registrerende og oplevende bevidsthed ikke kan placeres noget sted. Derfor kunne man også sige, at man skal lade opmærksomheden mærke det åbne bevidsthedsrum, hvor alting udfolder sig i – både synet af sommerfuglen, de tanker og følelser, den sætter i gang samt den bevidsthed, der registrerer. Jes kalder det også for dobbeltrettet bevidsthed, idet bevidstheden tillader bevidsthedsindholdet samtidig med at den er rettet mod sig selv eller bevidsthedsrummet.

5.1 Grundindstillinger

For at kunne få praksis til at fungere, har Jes foreslået fire grundindstillinger:

Den første grundindstilling handler om afspænding af kroppen samt vejrtrækningen. Indstillingen til kroppen er at skabe så stor en afspænding som muligt. F.eks. kan man lade opmærksomheden scanne gennem hele kroppen og bevidst prøve at afspænde de steder, hvor der er opspænding. Hvad åndedrættet angår, skal det være så naturligt og fyldigt som muligt. Som regel er det godt at kombinere kropsbevidstheden med åndedrætsbevidstheden.

Den anden grundindstilling kaldes neutral iagttagelse. Det betyder, at man forsøger at forholde sig neutralt til alt, hvad der dukker op og fylder i bevidstheden. Man forholder sig hverken positivt eller negativt. Man lader sig ikke trække med ind i eller hægter sig på opmærksomhedsindholdet. Ligeledes forsøger man på ikke at skubbe opmærksomhedsindholdet væk. Man accepterer alt bevidstindhold. Man kalder det også for vidne-meditation eller mindfulness-meditation.

Den tredje grundindstilling handler om at inddrage hjertefølelser. Hjertefølelserne er typisk taknemmelighed, tillid, medfølelse, venlighed, tilgivelse og hengivelse. Det er følelser og indstillinger, som er nødvendige, når man står overfor at slippe dybere dele af ens identitet. F.eks. er tillid nødvendigt for, at jeg'et tør slippe sig selv. Tillid til at man ikke dør eller bliver sindssyg af det, tillid til at der findes en højere side inde i én, der overtager styringen, når jeg'et ikke har kontrollen mere. Tillid til mentoren og den vej hun peger på er autentisk. Hjertefølelsen kan f.eks. gøres aktiv ved at tænke på dem, man holder af.

Den fjerde grundindstilling er apperception. Det handler om, at bevidstheden prøver at se ind i sig selv. Det er det, jeg før beskrev som dobbeltrettet bevidsthed. Det øjeblik, hvor bevidstheden prøver at se ind i sig selv eller det åbne tomme bevidsthedsrum, kaldes et praksismoment.

Selv om at praksis i princippet er meget enkelt, er det, når man forsøger i praksis, meget vanskeligt. Der kommer konstant impulser, som fanger opmærksomheden. Både impulser udefra gennem sanserne og impulser indefra via tanker, fantasier og følelser. Af vane reagerer vi på impulserne. Vanerne, der både bunder i personligheden/biografien og vaner, der bunder i menneskehedens udvikling nedarvet gennem generne. Helt basalt har det, som tidligere nævnt, været en overlevelsesstrategi at reagere på impulserne. Det handler om at æde eller blive ædt, som det er overalt i naturen. Så det er ikke lige til at gøre sig fri af impulserne. Det kræver en stor indsats. Det er tilsyneladende en meget lang rejse, man begiver sig ud på, hvis man ønsker opvågning.

5.2 Udpegning af sindets natur

Indenfor dzogchen-traditionen er et vigtigt pædagogisk redskab på rejsen mod opvågning det, man kalder "pointing out"-situationer eller udpegningssituationer. Det er typisk undervisningssituationer, hvor mentoren guider eleverne i retning af Rigpa. Det forudsætter, at mentoren selv er i Rigpa, mens det foregår. Eleven prøver at følge instruktionen og prøver at slippe så dybt som muligt. Min erfaring er, at det fungerer bedst, når man i forvejen – op til situationen – har praktiseret meget. Allerbedst fungerer det, når man er langt henne i et retreat, har jeg erfaret.

"Pointing out" er et redskab, man har udviklet i det gamle Tibet. Praksis kan som sagt lyde meget enkelt. Men sindet er meget kreativt og skaber uendeligt mange barrierer. Og der skal meget kreativitet til for at komme forbi disse barrierer. Mentoren vil så tilpasse instruktionerne til stemningen og de barrierer, der viser sig. Instruktionerne kommer derfor til at være vidt forskellige hver gang. Som Jes plejer at sige: Kylling på 117 forskellige måder.

Og hvorfor er "pointing out" blevet så vigtigt et pædagogisk redskab? Det er så uhyre svært at slippe jeg'ets sidste holdepunkter. Tanker og emotioner kan man træne sig frem til at slippe. Det er en langsomt fremadskridende proces, hvor man kan blive bedre og bedre. Det er, hvad man kalder den graduelle praksisproces. Når vi så kommer til de helt grundlæggende funktionsmåder for jeg'et, er det meget vanskeligt. At slippe selve det at opleve. At slippe tiden. At slippe den fysiske virkelighed. At slippe alt det, vi definerer os selv ud fra. Det virker til at være en næsten umulig opgave. I en "pointing out"-situation, kan man dog erfare, at det er muligt at slippe helt. Dette kan ske fra det ene øjeblik til det andet og kaldes for den instantane opvågning eller vej. For at det kan ske i en sådan situation, skal der formentlig flere forhold til. Rutinen er vigtig. Det skal nærmest komme af sig selv, at man husker at praktisere. Tilliden til mentoren er som sagt vigtig. Man slipper jo det hele, så man skal have tillid til, at mentoren kan samle én op uanset, hvad der sker. Tillid til praksisvejen i det hele taget er også vigtig. Hvis ikke man tror på, hvad alle mestrene i linjen siger og har erfaret, vil det nok være svært at slippe helt. En ting, der sandsynligvis også gør sig gældende, er på et mere usynligt plan. Det er ens tillid til, at mentoren er i Rigpa – det er jo ikke muligt for os almindeligt praktiserende at opfatte dette. Rigpa må derfor formodes at være levende og åben i situationen. Døren til Rigpa står derfor åben, og gør det lettere for den praktiserende at gå igennem den.

5.3 Bjergets top

Jes bruger ofte billedet af, at den spirituelle rejse eller en opvågningsproces er som at skulle op ad et højt bjerg. Helt oppe på toppen er oplysningens klare uhindrede udsyn. Her er den totale frihed. Fri af jeg'et, fri af tidens og rummets fængsel. Der er mange veje derop. Mange spirituelle traditioner med mange forskellige forståelsesrammer og metoder viser vejen derop. Dzogchen er én vej. Det er en gammel veltrådt sti. Den er ikke groet til, fordi den til stadighed bliver brugt og er blevet brugt gennem mange hundrede år. Det er en sti, som siges at være en af de mest direkte veje til toppen. Det betyder, at den også er meget stejl, udfordrende og til tider både besværlig og farlig. Realiteten er også, at langt de fleste ikke når toppen selv efter et helt livs bestræbelser. Det er formentlig kun få promiller af de mest seriøst mediterende, der når helt op og står stabilt på toppen. Sådan er det også i andre traditioner. F.eks. er der i Grækenland en over 1000 år gammel kristen klostertradition på den delvist selvstændige halvø Atos. Her siger man, at der i løbet af 1000 år i gennemsnit kun er en, der når til toppen. Det er vel at mærke munke, der bruger hele deres liv på at nå derop. Så let er det ikke, og det har aldrig været let trods den store erfaring, man har i det gamle Tibet. Hos os i Vesten er det sandsynligvis endnu sværere at nå derop. Mange af de store mestre, der flygtede fra Tibet i forbindelse med Kinas invasion, har dog gjort et stort stykke arbejde for, at vesterlændinge skulle komme op på bjergets top. Så vidt jeg ved, har der ikke været stort held med dette. Opgaven for de få, der står stabilt på toppen, er, at vise vejen for andre.

5.4 At finde en mentor

I de gamle tekster, jeg har læst om dzogchen, siger man, at det er nødvendigt at finde sig en mentor, der selv er nået til toppen. En bjergfører, der kan vise vejen derop. Det er næsten umuligt at finde derop uden. Det er vist nok kun sket få gange i historien, at nogen spontant og uden vejledning er vågnet op til den oplyste bevidsthed.

Allerede inden rejsen rigtig er startet, opstår der altså et stort problem: Hvor skal man søge efter en rejsefører eller en mentor? Hvordan kan man vide, om mentoren også er en ægte, autentisk mentor, som har nået toppen? Enhver kan lære sig de rigtige ord og bruge dem på de rigtige tidspunkter. De kan lyde som om, de står på toppen af bjerget. Man kan gå på nettet og finde mange, der kalder sig oplyste. Os, der står langt nede ad bjerget, kan ikke vurdere vedkommende. Måske står personen bare på en lille forhøjning lidt oppe ad bjerget. Ifølge de gamle tekster har der altid været falske guruer, eller som Tulku Urgyen kalder dem: Charlataner. I det gamle Tibet var man også meget skeptiske overfor dem, der fremstillede sig selv som en mentor. Man ville se beviser. Specielt ville man se, hvad mentoren havde af magiske evner. Og der går mange historier om mentorer, der kunne flyve gennem luften, gå gennem klippevægge, vække døde til live, udrydde epidemier, helbrede syge, opnåelse af regnbuelegemet efter døden (hvor man ikke efterlader nogen krop, kun hår og negle er tilbage) og meget mere. Det er jo svært at vide hvor meget sandhed, der er i disse historier. Om historierne i dag ville kunne holde i en videnskabelig test, er svært at vide. Under alle omstændigheder blev mange overbevist om mentorens ægthed og hengav sig fuldstændig til ham/hende. De viede deres liv til at praktisere dharmaen (som det hedder at praktisere buddhismen). Det er en meget vigtig del af pædagogikken at kunne overlade styringen og kontrollen til mesteren/mentoren. Hvis det lykkes at hengive sig og slippe kontrollen, slipper man samtidig jeg'et og alt det, jeg'et består af. Dette indebærer selvsagt en stor risiko. Der er eksempler på spirituelle vejledere, der økonomisk, seksuelt eller på anden vis enten udnytter eller hjernevasker eleverne. Medierne er meget på vagt, når en lærer i det spirituelles navn udnytter eleven. Et af de seneste eksempler, jeg kender til, er Sogyal Rinpoche. Han er en tibetansk dzogchenmester og leder af en meget stor organisation med 100 centre i 41 lande. I sommeren 2017 kom det frem fra flere i inderkredsen omkring ham, at han bl.a. seksuelt udnyttede de unge kvinder, han havde samlet omkring sig i denne inderkreds. Han valgte som følge af denne sag at trække sig tilbage som spirituel leder af organisationen. Jeg har hørt, at han nu har fået kræft (jeg har siden hørt, at han døde af kræften). Jeg har læst om én, der sagde: Ikke at undersøge éns spirituelle vejleder er, som at drikke gift. Og for mentorens vedkommende: Ikke at undersøge eleven er, som at springe i en afgrund. Det kunne tyde på, at Sogyal og eleverne ikke i tilstrækkelig grad har set hinanden efter i sømmene.

De magiske beviser er tilsyneladende svære at få i dag. Så hvad kan vi gøre for at sikre os, at rejseguiden er ægte? Vi kan med vores kritiske sans og sunde fornuft undersøge mentoren. Er der overensstemmelse mellem det mentoren siger, og det han gør? Hvordan er hans forhold til penge? Er han typen, der ser ud til at have en hemmelig bankkonto i Schweiz? Udnytter han sin magtposition seksuelt i forhold til kvinder? Og modsat, hvis det er en kvindelig mentor. Og man kan blive ved med at stille sunde kritiske spørgsmål. Jeg tror også, det er godt at give sig god tid til at finde en mentor. For nogle er det også godt at opsøge flere mentorer, så man kan sammenligne. Men der skal heller ikke gå for lang tid, inden man beslutter sig for én bestemt mentor og én bestemt vej. Jeg har set mange, der bliver ved med at opsøge nye mentorer. De kan altid finde et eller andet at kassere ham/hende på. Så kommer man selvfølgelig ikke op ad bjerget. Man tager måske lige et par skridt, men går ned igen. Nabomentorens græs ser ud til at være grønnere. Så skal man starte forfra på den sti nabomentoren peger på.

Man kunne håbe på at den vestlige videnskab – f.eks. hjerneforskningen – engang kan føre frem til resultater, der entydigt kan påvise, at et menneske er i Rigpa. Det vil muligvis gøre valget af en mentor lettere for den søgende.

Nogle gange har jeg undret mig over, hvorfor mentorerne i det gamle Tibet kunne noget med det magiske (hvis ellers historierne er sande), og ingen mentor i dag tilsyneladende kan det. Jes har fortalt, at han engang har spurgt Tulku Urgyen om det samme. Tulku Urgyens svar var, at der kollektivt for hele menneskeheden er for store ubalancer til, at det kan ske.

Jeg har selvfølgelig også undersøgt Jes grundigt. Jeg har som tidligere nævnt kendt ham siden 1983 og gået på mange kurser hos ham. Det har givet mig mulighed for at se ham efter i sømmene over en lang årrække. Jeg har forsøgt at se på både Jes og Vækstcenteret med almindelige sunde vestjyske øjne. I 2005 valgte jeg endeligt, fuldt og helt, at følge den vej, han peger på. Han har også haft lang tid til at se mig efter i sømmene og åbenbart ment, at jeg var ok som elev. Det altafgørende for mig er, at Jes mødte Tulku Urgyen i 1989. Jes fik her bemyndigelse til at undervise i det, han underviser i nu. Det giver en tryghed, at Jes ikke er en selvbestaltet mentor, men via Tulku Urgyen funderes i 1200 års erfaring fra det gamle Tibet. Det giver også en tryghed, at han er dansker. At han kender de danske normer, taler dansk, har dansk humor og er etisk efter danske standarder.

5.5 Frihed fra jeg'et – de indre planer

Hvis så man i en årrække har arbejdet med selvudvikling, i en årrække har arbejdet med praksis, jævnligt får "pointing out"-instruktioner af mentoren og ellers kan få alle områder af livet til at hænge sammen med dette arbejde, kan der ske det, at hjertet og bevidstheden begynder at løsne op. I de øjeblikke man dobbeltretter (praksismomenterne), kan der ske en fordybelse. Praksismomentet kan så have forskellig dybde specielt afhængig af, hvor meget rutine man har. For de fleste vil praksismomentet i starten være mentalt. Man har måske mange gange hørt mentoren sige, at det drejer sig om at slippe bevidsthedsindholdet. Og man kan godt indse intellektuelt, at det må være en metode til at opnå mere bevidsthedsmæssig frihed. Derfor husker man pludselig, midt i en tankerække, at dobbeltrette. Et øjeblik slipper man den automatiske tankerække. Øjeblikket efter fortsætter tankerækken igen, eller der opstår en ny tankerække. Praksismomentet vil ikke have den store eftervirkning. Det er et moment på det mentale plan, også kaldet fjerde plan. Med rutinen og lidt held kan praksismomenterne gå endnu dybere og ramme det, man kalder de indre planer:

Det spirituelle plan/femte plan. En situation, hvor der sker en fordybelse i momenterne, kan typisk være, hvis man er på et kursus, der handler om praksis. Stemningen i kursuslokalet gør måske at bevidstheden, kroppens afspænding og tilliden til praksis svinger sammen på en måde, så slippet går dybere. Typisk kan der ske forløsning af energi i kroppen. F.eks. kan man opleve, at der i rygraden sker nogle strømninger. Nogle kommer med spontane lyde. Andre får en hjertemæssig åbning, og tårerne kan begynde at løbe. Mange vil kunne få nogle spirituelle oplevelser og fornemmelser. Og der kan ske mange andre reaktioner. Et sådant praksismoment vil have en eftervirkning. Stemningen i sindet vil typisk ændre sig – måske resten af dagen, måske endda i flere dage. Der er sket en slags gearskifte. Det er praksismomenter, der berører det, der kaldes det spirituelle bevidsthedsplan eller femte plan.

Det fælles bevidsthedsplan/sjette plan. Hvis praksis skal gå dybere, kræver det rigtig meget rutine og rigtig meget akkumulering af energi. Sandsynligvis skal der også en hel del held til. Og så skal de rette omstændigheder være til stede. Rutinen er nødvendig, fordi man meget let bliver opslugt af fænomenerne, der fremkommer på femte plan. Man glemmer at praktisere, fordi fænomenerne er så kraftige og så interessante. Man kan forestille sig en sø med en helt blank overflade. Praksis går godt, der er stilhed og klarhed i søen. Pludselig springer en frø i vandet og giver noget bølgegang. Normalt vil opmærksomheden automatisk rette sig mod frøen. Man glemmer alt om at praktisere. Næste gang, der hopper en frø i vandet, bliver man måske ikke helt så forskrækket. Efterhånden, når den tiende frø er sprunget i vandet, vil man have vænnet sig til det. Man opbygger en rutine eller praksisvane, der er stor nok til, at man holder praksis trods plask og bølgegang. Frøen er impulser på femte plan. Så er der mulighed for, at praksis kan gå endnu dybere. Som sagt kræver det kolossalt meget praksis og rutine for, at dette kan ske. Der vil normalt gå mange år med intens praksis. Det, der så kan ske, er en åbning til fællesbevidsthedsplanet eller sjette bevidsthedsplan. Når bevidstheden berører sjette plan, frigøres der meget store mængder af energi. Det kan virke så voldsomt, at man tror, man skal dø af det. Alt kan blive lysende, man kan se arketypiske skikkelser, farver og energi. Man kan få store indsigter, der handler om livets mysterier. Det er ikke kun en frø, der er hoppet i vandet og giver lidt bølgeskvulp. Én har kastet en kæmpe stor sten i søen, så man bliver oversprøjtet med vand og bølgerne vælter op over søens kanter. Stenen er en impuls fra sjette plan. Her er det næsten umuligt at praktisere. Der vil normalt gå mange måneder, før en sådan åbning til sjette plan bliver integreret. Igen er processen, at man fortsætter med en intens praksis. Langsomt vil der igen ske den slags åbninger, og man begynder langsomt at huske praksis, når det sker. Hvis man ikke husker praksis, når bevidstheden åbner til sjette plan, kan der ske flere ting. Man kan få en oplevelse af, at der er en meget stor mening med éns liv. Der er en opgave for menneskeheden, som man er nødt til at tage på sig. Man skal måske starte et stort meditationscenter og ud på den store globale scene for at udbrede sit budskab. Man skal optage undervisningssituationer (satsang) på video og lade millioner af mennesker verden over få adgang til dette via nettet. Hvis man identificerer sig med det kald, man oplever på sjette plan – og glemmer, at dette kald også er en oplevelse, der skal praktiseres på – kan der opstå problemer. Problemet er, at den frigjorte energi går til jeg'et. Jeg'et er blevet til et spirituelt jeg. Det betyder, at jeg'et identificerer sig med de spirituelle oplevelser. Jeg'et bliver meget forstørret, fordi der er meget energi i spirituelle åbninger/oplevelser. Man kalder det, at jeg'et bliver inflateret. Der er flere grader af inflation. Jo mere inflateret man er, jo højere er piedestalen, man har placeret sig selv på. Ingen kan nå én deroppe – ikke engang mentoren. Derfor er inflation en af de største farer, der lurer.

Rigpa/syvende plan.   Hvis så man fortsat kan holde sig på sporet og holde praksis, og heldet fortsat er med én, kan der i meget sjældne tilfælde ske et gennembrud til syvende plan eller Rigpa.

Åbninger på de indre planer kan i nogle tilfælde sætte en initiationsproces i gang. Initiation betyder indvielse. Det er velkendt i mange spirituelle udviklingssystemer at bruge initiationer enten symbolsk ved, at man træder ind en trosretning – f.eks. dåben i kristendommen. Eller det kan referere til, at man træder ind i et andet bevidsthedsniveau/plan i en bevidsthedsudviklingsproces. I forhold til andre udviklingssystemer bruger Jes initiationerne meget stringent og konservativt. F.eks. bliver 1. initiation først formaliseret, hvis man jævnligt kan åbne til femte plan, og man samtidig kan praktisere. Samtidig skal forholdet til Jes være afklaret, og mange ting i livet skal være i balance.

Jeg vil her bruge mig selv som et eksempel på en initiationsproces:

5.6 Første initiation

Jeg er på kursus hos Jes på Vækstcenteret. Det er efteråret 2004. Der er måske 100 deltagere. Jes underviser, som han plejer. Han bygger stemningen op ved at fortælle, hvad praksis handler om. Ind imellem laver han "pointing out". Kursisterne har mulighed for at stille spørgsmål om deres praksis. Dengang sad Jes normalt på en pude i den ene ende af salen og underviste. Denne gang går han rundt, mens han underviser i Garab Dorjes tre læresætninger (genkend sindets natur, beslut dig for én ting, hav tillid til selvbefrielsen). Vi sidder i rækker af halvcirkler. Jeg sidder i anden række. Jeg praktiserer og mærker, at intensiteten stiger kraftigt. Da Jes kommer hen i det område, jeg sidder, stopper han op og siger nogle ting omkring beslutningskræfterne på en klar og ligetil måde. I samme øjeblik sker der et skift i min bevidsthed. Jeg ser nu Jes' ansigt, som ansigtet af en gammel tibetansk mentor, jeg flere gange har mødt i nattens drømme. Jeg bryder helt sammen. Tårerne strømmer. Dette er glædestårer. En forunderlig glæde over at møde den gamle mentor. Senere taler jeg i enerum med Jes, hvor jeg fortæller, hvad jeg oplevede. Han kunne fortælle, at det er en typisk oplevelse, som fører til 1. initiation. Nogle måneder senere blev 1. initiation formaliseret. Det er et lille ritual inden for dzogchen-traditionen, hvor man på det ydre plan formulerer en gensidig forpligtigelse til et lærer-elev-forhold. Man formulerer en beslutning om ikke at forsøge sig med andre spirituelle veje, men holde sig til mentoren og den praksisform, han formidler. Og man formulerer en beslutning om at give udbyttet af praksis videre til andre. Man kan sidestille det med en tømrerlærling, der underskriver en lærerkontrakt med en tømrermester. Tømrermesteren forpligtiger sig til at oplære lærlingen i tømrerfaget, og lærlingen forpligtiger sig til at stå i lære hos mesteren – 37 timer om ugen i et vist antal år. Kontrakten markerer en start på et forløb. På samme måde markerer initiationen en start på en læreproces. En læreproces, hvor man får mulighed for at gå dybere ind i en retning af større indre frihed, vejledt af mentoren. En læreproces, der efterhånden kan blive mere og mere indgribende, hvis man lægger flere kræfter og mere tid ind på læringsprocessen.

Det, der skete for mig på kurset på Vækstcenteret, er, hvad man kan kalde en åbning af bevidstheden og hjertet på femte plan, eller det man i buddhismen kalder Nirmanakaya. Som sagt kaldes det også det spirituelle plan. En sådan åbning er meget markant i sig selv, og frigiver meget energi både i kroppen og psyken. Det er vigtigt, hvordan man forholder sig til denne energi for ikke at komme på afveje, og der kan ske ubehagelige eller ligefrem skadelige ting. F.eks. kan vågenheden blive så stor, at det er vanskeligt at sove. Hvis man sover under fem timer om natten, skal man være på vagt.

En anden fare er som sagt inflationen, hvis energien går til jeg'et.

Det er min erfaring, at der er to hensigtsmæssige ting, man kan gøre med den frigivne energi. Den ene ting er, at man kan bruge energien til at gøre godt for andre mennesker. Det kan være helt konkrete jordnære ting. Det kan også være, at man er nødt til at skifte job, så man kommer til at arbejde mere med andre mennesker på en mere hensigtsmæssig måde, end man har kunnet før. Den anden ting er, at man kan bruge den frigivne energi til at gå dybere ind i praksis. Det vil sige, at man indretter sit liv, så der bliver mere plads til praksis og lange retreats. Det vil også sige, at man praktiserer på de oplevelser, der kommer i kølvandet, når bevidstheden igen åbner til femte plan.

For mig var det naturligt, at den frigivne energi blev investeret i endnu mere praksis. På det tidspunkt praktiserede jeg omkring fem gange 50 minutter om dagen, og jeg var begyndt at gå i kortere retreats. Disse retreats blev efterhånden længere.

5.7 Anden initiation

I 2007 havde jeg mit første tre måneders retreat. Det foregik hjemme i haven i en lille hytte på ni kvadratmeter. Halvvejs henne i retreatet var jeg på et kursus hos Jes på Vækstcenterets kursusejendom på Louns ved Limfjorden. En af dagene foregik undervisningen ude på en terrasse. Øvelsen var, at vi skulle sige et mantra højt, og Jes ville slå på en klokke nogle gange som signal til, at vi skulle huske at dobbeltrette. Efter et stykke tid med mantraet kom jeg i en meget afspændt og åben tilstand uden tanker. Da klokken første gang lød, reagerede kroppen med et lille spjæt. Jeg fortsatte med øvelsen og kom igen i en afspændt og denne gang endnu mere åben tilstand. Da klokken igen lød, virkede det mere gennemtrængende, og min krop reagerede kraftigere med et hop op fra meditationspuden. Jeg satte mig tilbage på puden og fortsatte. Igen med endnu mere åbenhed. Det hele gentog sig flere gange. Den sidste gang ved lyden af klokken røg jeg så langt bagover, da kroppen spjættede, at jeg røg ind i nogle havemøbler bag mig, og jeg landede på terrassen. Denne gang blev jeg liggende. Ud over at jeg i bogstavelig forstand havde fået en flyvetur, havde bevidstheden også været på en flyvetur. Det var en slags udvidelse af bevidstheden, som ikke var bundet til kroppen, og hvor der var meget vibrerende lys. Det er nærmest umuligt at finde dækkende ord for det. I kroppen blev der frisat store energimængder. Senere fortalte Jes, at der var sket en initiationsåbning til sjette plan. Det er, hvad der i den tibetanske terminologi kaldes Sambhogakaya. Derefter gik der tre år, før den 2. initiation blev formaliseret. Dette er et ritual inden for dzogchen-traditionen, hvor man forpligtiger sig endnu dybere end ved den 1. initiation til at arbejde videre med praksis, bliver vejledt videre af mentoren og endelig, at overskuddet af éns indsats skal komme andre til gode.

5.8 Tredje initiation

Da jeg ikke har den tredje initiation, kan jeg ikke sige så meget om den. Så vidt jeg har forstået handler den om tantriske processer, hvor man arbejder med den seksuelle energi. Man opbygger denne energi ved ikke at udløse seksualiteten i orgasme. I stedet forsøger man at kanalisere energien ind i praksisrummet.

5.9 Fjerde initiation

Den 31. marts 2014 er vi nogle stykker, der laver praktiske ting ved Louns. Vi gør klar til et kursus med Jes. Kurset skal foregå et par dage senere. Om eftermiddagen sidder vi i stuen omkring et bord, fordi vi lige har set Amira Willighagen. Hun er et hollandsk niårigt operatalent, som blev opdaget ved en X-faktor-optræden. Det gav anledning til, at Jes begyndte at tale om det at have talenter og det at hengive sig til sine talenter. Det blev til en "pointing out"-situation. Af en uforklarlig grund lykkedes det mig at blive ved med at praktisere. Til sidst kom et gennembrud. Alt blev revet væk: Virkeligheden, kroppen, tankerne, personligheden. Der var intet tilbage – ikke flere holdepunkter for jeg'et. Ren selvvidende bevidsthed. Ren tomhed. Voldsomme energi-mængder skyllede bagefter igennem kroppen. Jes spurgte, hvad jeg nåede at opfatte. Det eneste ord, jeg kunne komme i tanke om, var renhed. Renhed for tanker, emotioner, personlighed. Det var et gennembrud til syvende plan, den non-duale bevidsthed eller Rigpa. Dharmakaya kaldes det også i den tibetanske terminologi. Det varede måske 10-15 sekunder. Bagefter var der stadig enorme mængder energi i kroppen, så jeg var nødt til at gå en lang tur for at brænde noget af denne energi af. Så faldt kroppen mere til ro. Den fjerde initiation blev formaliseret et år senere.

5.10 Rigpa

Hvis man, som jeg, igennem mange år har beskæftiget sig med spirituel udvikling, kan man gøre sig mange forestillinger om at få et Rigpa-gennembrud. Ligesom med de to første initiationer er Rigpa-gennembruddet blot en start på en lang proces. Det er at bryde gennem alle jeg'ets slør og være i den totale frihed. Men det varede jo, som sagt, kun nogle få sekunder for mit medkommende. Derefter var jeg tilbage i den normale tilstand. Et sted har jeg læst: Før et Rigpa-gennembrud skal man hente vand og kløve brænde. Efter Rigpa-gennembruddet skal man hente vand og kløve brænde. Gennembruddet medførte ikke de store forandringer. Jeg fortsatte som før, med at hente vand til skurvognen, så jeg kunne få min morgen-te. Kløve træ til brændeovnen, så jeg kunne holde varmen om vinteren. Og ellers passe alle gøremål i livet og ikke mindst: At holde meditationspuden varm. Der kom dog én væsentlig forskel: Nu blev Rigpa ikke kun en teoretisk mulighed, men en reel erfaring. Det gav smagen af friheden. En smag, der yderligere var motiverende for at fortsætte. Der var ingen vaklen, og der har ikke været nogen vaklen siden. Det har forstærket tilliden til, at det er en ægte vej, jeg går ad. At den kan føre til målet. At det ikke kun er noget, man kan læse om i bøgerne om de gamle mestre fra det gamle Tibet. Og ikke mindst: At Jes er en ægte lærer, der er i stand til at vise vejen.

Den videre vej fremad er så at give praksis de bedst mulige betingelser, så Rigpa kan indfinde sig igen og begynde at stabilisere sig. Det er først, når Rigpa er stabiliseret, at Rigpa-kvaliteterne kan begynde at udfolde sig. Det er også først her, at man for alvor kan begynde at hjælpe andre på vejen mod frihed. Så det er en lang vej. Tulku Urgyen har fortalt Jes, at der skal ca. 20.000 perioders meditationspraksis til efter et Rigpa-gennembrud, for at give Rigpa en mulighed for at stabilisere sig. Det er lang tid. Et hurtigt regnestykke siger, at der skal bruges 55 år med 1 periodes meditation om dagen, før der kan blive tale om, at stabiliseringen kan begynde. Det vil jo være helt umuligt, med den alder de fleste har i feltet af praktiserende omkring Jes. Man kan også vælge at sidde ti perioder om dagen – så siger regnestykket, at der vil gå 5½ år. Det er en overskuelig tid, men en næsten uoverskuelig arbejdsindsats.

Det, man har gjort i det gamle Tibet, er, at man – efter et Rigpa-gennembrud – har sat sig i et stringent retreat på tre år med 15 perioders meditation om dagen. Så vil man kunne nå de 20.000 perioder.

For mig skete gennembruddet tilfældigvis fire måneder før, jeg skulle i det planlagte tre-års retreat. På den måde kom jeg tilfældigvis til at følge den gamle tibetanske vej – altså først et Rigpa-gennembrud og derefter et tre-års retreat. Retreatet kom derfor til også at have det formål at skabe gode omstændigheder for Rigpa-processen.

Hvad retreat så egentlig er for noget, kommer det næste kapitel til at handle om.

6: Retreat

6.1 Den alkymiske kolbe

Et billede, Jes ofte har brugt om det at være i retreat, er en alkymisk kolbe. I middelalderen var alkymikerne datidens kemikere. De forsøgte bl.a. at lave bly om til guld. Et af hovedværktøjerne var en kolbe, hvori de anbragte forskellige ingredienser. Kolben blev lukket og anbragt over ilden. Hvis kolben ikke er lukket ordentligt slipper varmen/energien ud, og ingredienserne kan også slippe ud. Den ønskede kemiske proces sker derfor ikke. Når kolben er lukket og ilden under kolben brænder godt, starter det en kemisk proces inde i kolben – en forvandlingsproces.

Som jeg ser det og selv har erfaret det, kan et retreat beskrives på følgende måde: Når man går i retreat, afskærer man sig så vidt muligt fra almindelige gøremål og kommunikation med omverdenen. Herved lukker man sig inde i det, man kunne kalde en retreat-kolbe. Når retreatet starter, lukker man låget på retreat-kolben. Ilden under retreat-kolben er praksis. Så kan indre bevidsthedsmæssige og psykiske forvandlingsprocesser sættes i gang. Dette er så både provo-kationen og muligheden. Hvis man ikke er vågen, finder man af vane på en hel masse gøremål, så energien siver ud af kolben. Opgaven er at opdage dette og praktisere på vanerne og impulserne. Man kan også sige, at de gamle vaner bliver provokeret frem og mødt med praksis. Hvis man går langt nok ind i retreatet, bliver også hele ens identitet og personlighed provokeret. Hvis man går endnu længere ind i retreatet, holder praksis og lader de indre processer naturligt fortsætte, provokeres også selve de grundlæggende perceptuelle og kognitive funktioner. I det visuelle kan man f.eks. begynde at opleve, at alt lyser.

Det er min erfaring, at bevidste og ubevidste forsvarsmeka-nismer meget let aktiveres. Det er uendelig let at finde måder at lette på kolbelåget, så det ikke er så farligt at være der. Man bliver optaget af et eller andet, som bliver langt mere interessant end at sidde og meditere. Og det kan være hvad som helst. Det kan være, at der er begyndt at komme myg ind i skurvognen om natten, fordi varmen gør, at jeg er nødt til at lade vinduet stå åbent. Så her får jeg et projekt med at skaffe myggenet. Tankerne går: 'Hvor får jeg lige fat i det? Kan jeg mon få Inger til at købe noget, næste gang hun skal ind til byen. Og hvordan får jeg det til at sidde fast. Skal jeg bruge velcro-bånd eller skal jeg bruge trælister?'. Og sådan kan det fortsætte i en uendelighed. Og tankerne om myggenettet fort-sætter måske, når jeg sidder på min meditationspude.

Når retreat-kolben lukkes er det, at forvandlings-mulighederne opstår. En måde at forstå det på er, at kroppen og psyken hele tiden producerer energi. Energi, der hele tiden bliver omsat til alle vores gøremål – gå på arbejde, handle ind, hente børnene i børnehaven, læse avisen, gå på nettet og al muligt andet, vi bliver optaget af. Når vi afskæres fra at afspænde energien i alle de almindelige gøremål, giver det et energioverskud. Et energioverskud, der kan kanaliseres ind i en meditationspraksis, som kan føre én ind i en spirituel opvågningsproces.

Et retreat kan være en radikal metode. Hvis jeg sammenligner med alle andre metoder til forandring, som jeg har kendskab til, er retreat det mest radikale og dermed den mest virkende metode. På en måde er det meget logisk. For jo mere man sætter ind i en forandringsproces, jo større forandringer kan der ske. At gå i retreat i flere måneder og endda i flere år er jo en kæmpe indsats. Det er så altomfattende, at det næsten uundgåeligt vil føre dybtgående forandringer med sig.

Men det er ikke lige til. Hvis man har et eller andet problem – f.eks. en udpræget mindreværdsfølelse – kan man ikke bare droppe alt og gå i et tre-års retreat og tro at problemet vil løses. En løsning af den slags – og de fleste andre slags almindelige psykologiske problematikker – hører hjemme andre steder. Det er min erfaring, at et sådant selvudviklingsarbejde bedst kan ske uden for kolben. Man bliver konfronteret med sig selv, når man afskærer sig fra de almindelige afledningsmanøvrer. I kolben er man jo også isoleret fra andre mennesker, så man kan ikke lade mindreværdsfølelsen indgå i et psykologisk spil med andre mennesker. Man står alene med følelsen, og alle de bagvedliggende grunde til følelsen kan meget let komme op til overfladen. For de fleste vil det være for provokerende. Så er det bedre at tage en lille bid ad gangen i en psykoterapeutisk kolbe sammen med en professionel hjælper.

At sætte sig i en retreat-kolbe i flere måneder eller år kræver, at man i forvejen er velafbalanceret og har nogenlunde styr på sit liv. Dette er både min og mange andres erfaring.

Jeg vil fortælle lidt om, hvad det vil sige, at retreat-kolben lukkes. For mit vedkommende handler det om afgrænsning. Den ydre afgrænsning, den indre afgrænsning og den inderste afgrænsning.

6.2 Den ydre afgrænsning

Den ydre afgrænsning er dels den fysiske afgrænsning og dels den kommunikative afgrænsning. Den fysiske afgrænsning er det område, man vælger at færdes i under retreatet. Nogle gør det, at de laver et lille ritual ved at markere hjørnerne i området ved f.eks. at lægge en sten i de fire hjørner. Når man så går ud af retreatet, kan man lave et tilsvarende ritual og samle de fire sten ind igen. Mit område er den grund vi bor på plus et par kilometer ned ad vejen til de daglige gåture. Jeg har valgt at have cykling som motionsform, så jeg to til tre gange om ugen cykler ud i landskabet – og kommer derved udenfor det egentlige retreatområde.

Den kommunikative afgrænsning handler for mig om hvor meget, hvordan og med hvem, man skal/kan kommunikere med udenfor kolben. Min erfaring er, at jo mindre kommunikation jo bedre er det for udbyttet af retreatet. Det bedste er helt at afskære sig fra både de elektroniske medier og fra de skrevne medier. Det vil sige ingen TV, ingen e-mail, ingen SMS, ingen snak i telefon, ingen aviser og ingen blade. Det er afgrænsninger, der er svære at overholde, fordi det ofte vil være for kunstigt. Det vil f.eks. være for kunstigt ikke at snakke med de nærmeste. Derfor plejer jeg f.eks. at have en aftale med vores børn om at ringe sammen ca. hver 14. dag, og min mor ringer jeg også til ca. hver 14. dag. Fra min mor kan jeg så få information om, hvad der ellers sker i familien. Jeg har også valgt i begrænset omfang at bruge internettet på retreat. F.eks. er det meget praktisk at bestille madvarer over nettet, så man ikke skal involvere mange andre mennesker i at skaffe forsyninger. Jeg har også valgt næsten dagligt at åbne min e-mail – specielt i forbindelse med, at jeg holder kurser. Kommunikationen med omverdenen kan meget let komme til at skride, så man skal passe på. Og hver gang går der energi ud af kolben.

6.3 Den indre afgrænsning

Den indre afgrænsning handler for mit vedkommende om, hvad man foretager sig inde i kolben. Jo længere væk det, man foretager sig, er fra ens meditationspraksis, jo mindre får man ud af retreatet. Hvis man f.eks. bruger en del tid på at skrive en artikel om et emne, der slet ikke har med meditation at gøre, er det en afvej. Det, at jeg lige nu skriver på denne bog, er lige på grænsen – også selv om jeg nu er i retreatets afslutningsfase. Det er lige på grænsen, fordi det at skrive er en mental proces, som kan forhindre den meditative fordybelse. Nogle har også romaner med ind i kolben. For mig er det også en afvej, fordi det forstyrrer min praksis. Andre har det modsat og føler ikke, det forstyrrer dem. I det hele taget tror jeg, man skal mærke efter, hvad der er bedst for én selv. Og man skal gøre sig klart, hvad formålet er med retreatet. Dette er rigtig vigtigt. For nogle er det mest relevant, at retreatet skal hjælpe til at få stress ud af kroppen og få mere energi til at klare hverdagen. Så kan man flette praksis ind i dette arbejde. For andre er det mest relevant at arbejde med selvudviklingstemaer via at tegne, male, synge, skrive, m.v. Også her kan man flette praksis ind. Hvis man ønsker en spirituel opvågningsproces, er det min erfaring, at det er bedst ikke at starte i en stress- tilstand og bedst at lade selvudviklingsarbejdet ligge på andre tidspunkter. Så vil der være plads og ro til selve det at praktisere og til at komme dybere i praksisprocessen. Jeg husker Jes engang har sagt, at man mindst skal sidde og praktisere fem perioder (à 50 minutter) om dagen, før man kan kalde det et retreat.

Med til min afgrænsning hører også, hvad jeg spiser og drikker. Ingen kød, ingen kaffe, ingen tobak, ingen alkohol og så vidt muligt kun økologiske varer. For mig er det ikke noget problem med disse begrænsninger, da jeg i forvejen er vegetar og hverken ryger eller drikker. Så den mad, jeg får, svarer til det, jeg spiser normalt. Dog er det sådan, at jeg ofte laver store portioner, så jeg spiser det samme et par uger i træk. Grunden til det er, at det sparer en del tid. For underligt nok kommer jeg hurtigt til at føle, det er begrænset hvor meget tid, jeg har til rådighed på en dag.

6.4 Den inderste afgrænsning

Den inderste afgrænsning handler for mig om det, man så foretager sig, mens man mediterer. Praksis handler om frivilligt at afstå fra alt sindsindhold og i stedet hengive sig til selve vågenheden. Så den inderste afgrænsning handler om at afgrænse sig fra sindsindholdet. Og det er uhyre svært. Specielt når man er i retreat, hvor omstændighederne tvinger én til at lægge mærke til, at sindet næsten er ustyrligt. Man bliver hele tiden optaget af et eller andet. Tankerne kører oftest derudaf. Opmærksomheden farer afsted fra det ene til det andet. Så den inderste afgrænsning er den vanskeligste.

Retreatene kan man så bygge op. Jeg, og mange andre, har erfaret, at det normalt er godt at starte med et fem dages retreat – evt. flere gange. Hvis det føles rigtigt, kan man dernæst prøve ti dage. Og på den måde lægge flere dage oveni. Så vidt

jeg ved, har Tulku Urgyen engang sagt til Jes, at et tre-
måneders retreat hvert år er grundredskabet, hvis man ønsker
at komme dybere ind mod essensen. Det er også min erfaring.
I hele feltet omkring Jes er der måske 100 mennesker, der har
siddet i mindst ét tre måneders retreat. Af dem har mange
siddet i flere tre-måneders retreat. Nogle har siddet i halve års
retreats. Og få har siddet i et et-års retreat.

6.5 En retreatproces

Da børnene var flyttet hjemmefra begyndte jeg at sidde i tre
måneders retreats hvert år. Første gang var i 2007, hvor jeg sad
i en hytte i baghaven. Det var så nemt rent praktisk. Da jeg
startede retreatet, skulle jeg blot bruge en time på at samle de
ting, jeg skulle bruge, læsse det i trillebøren, køre den ud til
hytten og så i gang. Nemmere kan det vist ikke være. Jeg
skulle ikke tænke på madforsyninger, da Inger handlede ind.
Hun tog sig også af mails, post, telefonopkald, regninger og alt
muligt andet. Året efter gik hun i sit første tre måneders
retreat, og har gjort det hvert år siden. Så blev rollerne byttet
om, så jeg tog mig af de praktiske ting.

Hvad klinikken og klientarbejdet angår, plejer jeg at afslutte
så mange klienter som muligt, inden et retreat starter. Nogle
klienter holder en pause i behandlingen og fortsætter, når jeg
er tilbage. Enkelte får konsultationstider hos Inger under
retreatet. Så arbejdsmæssigt er vi i den heldige situation, at vi
kan tage fri længere tid ad gangen og overlade klinikken til
den anden.

Siden 2007 har jeg hvert år været i et langt retreat. Tre
måneder i 2008 og 2009. Fire måneder i 2010. Seks måneder i

2011. I 2012-2013 sad jeg i et helt år. Retreatet på tre år startede i august måned 2014.

Det er min erfaring, at der skal noget mere forberedelse til, når retreatet foregår andre steder. F.eks. skal man finde ud af, hvordan man får madforsyninger, hvem tager sig af posten og hvem slår græsset hjemme? Hvad med parforholdet – kan det bære, at man isolerer sig så længe? Hvis man har børn og/eller børnebørn – hvordan skal man bevare en kontakt til dem? Hvad med familiefesterne? Flere af de lange retreats er for mig foregået på Vækstcenterets kursusejendom ved Limfjorden. F.eks. sad jeg her i et etårs retreatet i 2012-2013. Det var en udfordring specielt for Inger, fordi hun så skulle tage sig af alle de praktiske ting, som jeg plejede at klare derhjemme. Men hun klarede meget selv, og ofte fik hun hjælp fra håndværkere, som hun tilkaldte.

Det hele skal kunne hænge sammen. Det familiemæssige, jobmæssigt og økonomisk. Hvis ikke det hele hænger sammen, kan det samlede regnestykke let ende i et minus. Og jo længere retreats jo større krav er der til, at det hele hænger sammen. Det er meget svært at få kabalen til at gå op.

Sådan som Inger og jeg har indrettet os, er meditation og retreats blevet et mere og mere tydeligt omdrejningspunkt gennem årene. For at få kabalen til at gå op er det nødvendigt med prioriteringer. Vi tager stort set aldrig på ferie. Vi lever meget spartansk. Har begrænset vore sociale kontakter. I det hele taget bruger vi ikke meget tid og mange penge på det, som andre gør. Nogle vil måske sige, vi er i en heldig situation, at vi har mulighed for at gå i lange retreats. Jeg vil sige, at det både er et held og et spørgsmål om at prioritere.

6.6 Forberedelse til treårs retreat

Sammenlagt havde jeg siddet i retreat i flere år inden tre-års retreatet startede. Så jeg vidste langt hen ad vejen, hvad jeg gik ind til, og jeg vidste på forhånd og langt hen ad vejen, hvordan det skulle bygges op. Jeg har skullet eksperimentere mig frem til en form, som passer til vores kultur og til min livssituation. Jeg har også set på, hvordan andre i feltet omkring Jes har opbygget deres retreats. Jeg har også set på, hvordan Jes selv sammen med Marianne (Jes' kæreste) har opbygget deres retreats. Og endelig har jeg forsøgt at læse mig frem til, hvordan man i det gamle Tibet byggede lange retreats op.

Beslutningen om at gå i så langt et retreat kom i slutningen af det et-års retreat, jeg var på i 2012-2013. Jeg følte, det var så udbytterigt, at det var naturligt at tage det næste store skridt. Heldigvis fik jeg Jes' opbakning. Hvis jeg ikke fik hans opbakning, ville jeg ikke have turdet gå i gang, fordi det er et meget radikalt skridt, der kræver kyndig supervision. Mine erfaringer er, at jo længere et retreat er, jo større indre kræfter bliver sat i spil. Også derfor var det vigtigt at have aftaler med Jes om mulighed for supervision. Aftalen blev, at jeg tre måneder om året skulle flytte retreatet hjemme fra skurvognen og op til Louns, hvor jeg så kunne få supervision af Jes.

Da jeg jo har familie, indviede jeg tidligt familien i planerne. Inger var ikke et øjeblik i tvivl om at støtte projektet 100 %. Børnene syntes også, det var ok. For dem var det vigtigste, at de fortsat kunne have kontakt med mig og se mig ind imellem. Jeg ville heller ikke kunne undvære at se dem i så lang tid. Aftalen med dem var, at de fortsat kunne komme hjem, så meget de havde lyst, og her ville jeg så kunne være sammen med dem nogle timer om dagen. Med mine søskende og min mor fik jeg en aftale om, at de kunne komme herned én gang om året til en overnatning. Jeg besluttede mig for ikke at være med til nogen familiesammenkomster – der har været flere runde fødselsdage, konfirmationer, m.v., som jeg ikke har deltaget i i løbet af de tre år.

Jeg besluttede mig for at bo i en skurvogn i haven. Så kunne Inger fortsat have hytten at holde sine retreats i. Så jeg fik fat i en gammel skurvogn, som jeg fik bygget om til formålet med brændeovn, ekstra isolering, stort vindue, nye gulve, etc. Ved siden af skurvognen er en lille høj. På den fik jeg bygget et meditations-shelter. Foran shelteret fik jeg anlagt en lille sø. Det skulle vise sig at være ideelt til praksis. Når jeg sidder i shelteret, har jeg frit udsyn til vest-himlen. Samtidig spejler himlen sig i søens overflade. Her kom jeg til at sidde i tusindvis af timer i løbet af de tre år.

Hidtil havde jeg kunnet klare økonomien i de lange retreats ved at spare sammen de måneder af året, hvor jeg arbejdede. Det hele kunne lige løbe rundt. For at det hele fortsat kunne løbe rundt i over tre år, var jeg nødt til at have en form for indtægt. I det gamle Tibet var det almindeligt, at de lange retreats blev sponsoreret. Det kunne typisk være rige familier i området eller lokale bønder, der kom med de nødvendige forsyninger. Det kunne også være munkens mentor eller munkens hovedkloster, der sponsorerede. Da vi ikke har nogen tradition for at sponsorere retreats hos os i Vesten, skulle jeg finde en model, hvor jeg kunne forsørge mig selv. Der skulle jo fortsat betales faste udgifter plus forbrug. Forbruget er meget lille, da jeg ikke bruger penge på hverken ferie, restaurantbesøg, vin, tøj, transport, og hvad man ellers normalt bruger penge til. Inger skulle ikke lægges til byrde med at arbejde ekstra for at forsørge mig. Jeg valgte to indtægtskilder. Jeg fortsatte med enkelte klienter. Typisk havde jeg tre til fire klienter om ugen fordelt på to dage. Den anden indtægtskilde var/er kurser for andre mediterende. Jeg havde nogle år forinden afholdt endagskurser. Jes mente, at tiden var inde til, at det kunne blive til flere dages kurser. Lige inden retreatet startede, begyndte jeg derfor at afholde meditationskurser på tre dage hjemme i psykologklinikkens lokaler. Dette fortsatte jeg med under hele retreatet. Til at starte med overnattede kursisterne hos lokale samt på den lokale kro. Spisningen foregik også på den lokale kro. Så fik jeg i starten af retreatet den idé, at det skulle være internatkurser. Det vil sige, at huset skulle ombygges til en kursusejendom, så kursisterne kunne spise og overnatte hos os. Heldigvis var Inger med på idéen. Så et halvt år henne i retreatet fik jeg travlt med at indrette huset. Jeg skulle jo samtidig holde retreat-rytmen. Det lykkedes at få det hele færdig til tiden – januar 2015 – hvor det første internatkursus blev afholdt. Inger rykkede ud i hytten, og kursisterne rykkede ind i huset. Alt i huset var til rådighed for kursisterne. Det var også med til at skabe en stemning af, at der ikke er grund til at skjule noget. Hverken Inger eller jeg har noget at skjule. Kursisterne fik den oplevelse, at de kunne være sig selv og slappe helt af. Det er en væsentlig faktor for at kunne få praksis til at fungere. Inger blev involveret i kurserne, idet hun underviste i yoga om morgenen. Ud over at være psykolog er hun uddannet yogalærer. Jeg kom så ind og underviste fire timer om formiddagen og to timer om eftermiddagen.

Kurserne betød, at jeg på grund af kursusindtægter kunne skære ned på antallet af klienter, så jeg efterhånden i løbet af de tre år stort set kunne undlade at have klienter. Det passede særdeles godt ind i retreatet at skulle afholde kurser i meditation/praksis. Det blev en måde at cirkulere de efter-hånden store mængder af energi, som retreatet i løbet af årene byggede op. Jeg fandt ud af, at den bedste måde at forberede mig til kurserne på var ikke at forberede mig. Jeg skulle blot holde min retreat-/praksisrytme op til kurserne og så praktisere videre under kurserne. Praksis handler meget om at møde alt med åbent hjerte og åbent sind. Når jeg så vidt muligt mødte kursisterne med denne indstilling, blev det inviterende for dem til at gå længere ind i praksis.

7: Kolben lukkes

Den 1. august 2014 blev retreat-kolben lukket. Det føltes som om, jeg havde uendelig lang tid forude, hvor jeg kunne hellige mig praksis. Et gammelt ønske så ud til at kunne komme til at gå i opfyldelse. En dyb følelse af at være kommet på den rette hylde.

Den 2. august 2014 kom følgende drøm:

"Jeg er på kursus hos Jes Bertelsen. Vi ligger alle ned på ryggen. Jeg ligger ved siden af Jes og praktiserer, og kommer i en meget udvidet tilstand. Jeg mærker helt klart, den funktion jeg har i forhold til Jes, og hvorfor jeg skal være så tæt på ham".

Mine associationer til denne drøm er, at retreatet ikke kun skulle handle om mig selv og min egen frelse – og dette er i mine øjne meget vigtigt: Det handler mindst lige så meget om at være en brik i et stort puslespil. En del af et puslespil, som er et forsøg på at få den gamle tibetanske dzogchen-tradition gjort tilgængelig og brugbar for spirituelt søgende mennesker i vor tid. Selv om jeg ikke er kommet særlig langt i praksis, kan jeg allerede nu mærke de store kræfter, der bliver frigivet og kommer i spil. Det er kræfter, der skal kanaliseres ind i dette forsøg. Og der er brug for mange kræfter, når jeg tænker på de store problemer, der er hos mange enkeltmennesker og globalt. Problemer, der ofte bunder i alt for stor knytning til jeg'et, med egoisme, hævngerrighed, depressioner, stress, angst, forurening, krige, overforbrug og meget mere til følge. Så jeg tror på, at retreatet kan være en lille brik i et meget stort puslespil. Retreat er en måde at forsøge at slippe jeg'et dybere og dermed et forsøg på at komme forbi de mange problemer, der er forbundet med at være funderet i jeg'et. Hvis det lykkes, kunne det på sigt muligvis blive til inspiration for andre.

7.1 Navlepilleri?

Jeg er godt klar over, at nogle udefra vil tænke, at det er rent navlepilleri at isolere sig i et retreat. Dermed også, at det er meget egoistisk at bruge så meget tid på sig selv og sin spirituelle udvikling. Hvis målet er at gøre noget godt i forhold til de store problemer, der er både globalt og hos mange mennesker, der har det skidt, kan jeg godt forstå, at man vil tænke: Hvorfor så ikke gøre noget konkret for at løse problemerne? Er det at gå i retreat ikke blot at flygte fra problemerne?

Set inde fra retreat-kolben ser det helt anderledes ud, når man kikker ud – og ind i sig selv. Så er det lige modsat. Stort set alt, hvad man foretager sig, er for éns egen skyld. Det handler ofte om, at *jeg* får en uddannelse, *jeg* får et velbetalt job, *jeg* gør karriere, *jeg* finder en passende kæreste, *jeg*/vi får børn, *jeg* dyrker motion, *jeg* samler frimærker, *jeg* dyrker grønsager… og man kan blive ved. Så kan man give lidt til Red Barnet, når der en gang om året bliver samlet ind. Men mon det ikke for mange ofte er for éns egen dårlige samvittigheds skyld? Der er selvfølgelig mennesker, der handler ud fra et mere rent hjerte, hvor egoismen er sat til side. Men de er – set inde fra kolben – i fåtal.

Som jeg før har været inde på, er det jeg'ets natur at sørge for, at man selv og sit afkom overlever. En selvudviklingsproces fører normalt til mere balance og hvilen i sig selv. Det giver et overskud, som oftest fører til et naturligt åbent hjerte med efterfølgende hjælpsomhed og venlighed. Man får et overskud til ikke kun at tænke på sig selv. En praksis- og retreatproces kan åbne for endnu mere overskudsenergi, som kan føre til hjælpsomhed og venlighed overfor andre. Så umiddelbart kan et retreat se ud som et navlepilleriprojekt, men målet er det modsatte: At nå længere ind mod essensen, så man har mere energi, større indsigter og mere overskud til at kunne hjælpe og gøre noget godt for andre.

I det gamle Tibet blev dem med et særligt talent for praksis siddende i retreats – har jeg hørt. Først den dag vedkommende var stabil i Rigpa kom mesteren hen til ham. Bad ham afslutte retreatet og komme ud i verden for at hjælpe andre til at nå den endelige frihed.

Tulku Urgyen havde et ønske om at sidde i livslangt retreat. Flere gange havde han planlagt det. Men hver gang kom Karmapa (én af de helt store mestre, som flygtede efter Kina's invasion af Tibet) og bad ham om at undervise i stedet. Tulku Urgyen var jo også stabil i Rigpa.

7.2 Den daglige rytme

Da jeg startede retreatet, varede det ikke længe, inden jeg kom ind i min sædvanlige retreat-rytme: Jeg står op omkring kl. fire om morgenen. Jeg bruger aldrig vækkeur under retreat, så nogle gange sover jeg lidt mere nogle gange lidt mindre. Jeg laver en kande te, og sætter mig derefter ud i mit meditations-shelter. Jeg sidder en time og et kvarter hver gang. I Vækstcenterregi regner man med siddeperioder på 50 minutter. I den målestok sidder jeg derfor hver gang halvanden periode. Det gør jeg syv gange i døgnet. Altså i alt ti og en halv periode. Regnet om til timer bliver det otte timer og 45 minutter – for at være helt præcis. Efter første meditation laver jeg glidefald. Efter anden periode laver jeg yoga efterfulgt af morgengrød. Derefter er der et par timer sidst på formiddagen, hvor der er plads til andre ting. Det kan f.eks. være cykling, en klient, lave praktiske ting eller læse en bog. Så kommer middags-meditationen, igen efterfulgt af et par timer til andre ting. Så kommer eftermiddagsmeditationen, en kort pause, igen en meditation og så aftensmaden. Den sidste meditation er ca. kl. halv ni om aftenen. Sengetid kl. ti. Ind imellem sker der ting, som ændrer rytmen. Det kan være, hvis der er kurser, hvis der er besøg, hvis vejret er til en lang cykeltur, eller hvis jeg skal på køretur til Louns. Det betyder også, at jeg nogle dage sidder lidt mindre. Så gennemsnittet er sammenlagt for de tre år blevet til ti perioder om dagen

Nogle har spurgt mig, om det ikke er kedeligt og om tiden ikke føles lang. Til det må jeg sige: Tværtimod, tiden flyver af sted. Der kommer let en anden fornemmelse af tid. Både at tiden flyver afsted og at tiden står stille. Man kan også kalde det en fornemmelse af tidløshed. Dagsrytmen er der, så jeg behøver normalt ikke tænke på, hvad der skal ske i morgen. Jeg behøver heller ikke tænke på i går, da der normalt ingen uafsluttede gestalter er fra i går. Så der er kun nu'et tilbage – det evige nu. Udgangspunktet for praksis er at være til stede i nu'et. Det er lettere at slippe dybere i praksis, når bevidstheden er lejret i nu'et, end hvis bevidstheden er lejret i noget fra fortiden (ofte ærgrelser eller uafsluttede gestalter) eller noget i fremtiden (ofte bekymring). Men det er ikke så let, som det lyder. Pludselig er bevidstheden næsten ubemærket alligevel fanget ind i fremtiden. Den ene association tager den anden, og man er langt væk fra nu'et. Sindet har for vane hele tiden at vandre væk fra nu'et. Selv under gunstige retreatomstændigheder, får sindet på snedig vis forført opmærksomheden. Jeg må sande, at sindet er svært at tøjle. I hvert fald for mig. Den største hjælp for mig er en vedholdende fast daglig rytme med så meget meditationstræning som muligt. Derfor er hverdagen i retreat-kolben i en nogenlunde fast rytme med en hel del praksisperioder.

Det handler også om at prioritere praksis og forsøge bevidst ikke at lade sig lokke af de mange impulser, der konstant kommer – både indefra og udefra.

7.3 Livet i Langhuset

Som sagt har noget af retreatet været afholdt på Vækstcenterets kursusejendom ved Limfjorden. Det er et pragtfuldt sted i en pragtfuld natur. Det er et fredet område, så naturen får lov at udfolde sig, som den vil. Bygningen ligger lige ned til fjorden, og der er en fantastisk udsigt. Det er en lang bygning og bliver derfor kaldt Langhuset. Det er placeret meget ideelt for et retreat.

Oftest har der været andre i retreat i Langhuset, mens jeg har været der. Nogle i kortere retreats andre i lange. Oftest har Jes og Marianne Walther også siddet i retreat, mens jeg har været der. De har et lille stenhus ved siden af kursusejendommen. Jeg sidder normalt i en retreat-afdeling, hvor jeg har mit eget lille tekøkken samt toilet. Her kan jeg trække mig tilbage, hvis jeg har brug for det. Når vi er flere i retreat, giver det let en god retreat-stemning. Det giver en slags synergieffekt. Det betyder, at der kan opbygges en mere intens og dybere praksis, end den man selv kan opbygge. Helt almindelige psykologiske samspilsmekanismer udspiller sig selvfølgelig også i Langhuset. Man er jo under samme tag ofte flere måneder i træk. Det har dog ikke givet problemer. Dels ser det ud til at Jes udvælger folk til at være der, som har arbejdet en del med selvudvikling, så emotionerne ikke så let bliver projiceret over på de andre. Dels er det ofte mennesker, der sidder og praktiserer meget. Det ser for mig ud til, at folk, der praktiserer meget på en balanceret måde, ikke så let går ind i emotionelle spil med andre.

Det er helt specielt at sidde i retreat i Langhuset, når Jes også er i retreat deroppe. Dels kan man opleve ham som et helt almindeligt, sødt og venligt menneske. Dels kan man møde ham, som den mentor han er. Det vil sige, at han har adgang til Rigpa, som frigør enorme energimængder. Han bliver en hvirvelvind. Energien prøver han naturligvis at omsætte til en hjælp til andre. Det kommer os andre til gavn. Næsten konstant prøver han at inspirere de praktiserende, der er omkring ham, til at slippe dybere. Her kommer et eksempel:

7.4 Hjerteåbning

Vi er alle i huset samlet i køkkenet i Langhuset på Louns til te. Jes og Marianne er der også. Begge er socialt anlagte og kan godt lide at komme til te. Der er altid en hjertelig stemning, men denne gang er stemningen ekstra hjertelig. Jes begynder at undervise. På grund af stemningen kommer det selvfølgelig til at handle om hjertet. Inklusiviteten – altså at inkludere de andre i bevidstheden. Medfølelsen – altså at mærke andres problemer og lidelse. Taknemmeligheden – altså en inderlig følt tak til de mennesker, der har hjulpet én. At mærke hjertet og samtidig praktisere. Mærke ind i, hvad det er for noget, der mærker hjertet. Mærke ind i, hvad der er bag hjertet og bag det hele. Jeg prøver at slippe, så godt jeg kan. Pludselig er det, som om alting forsvinder. Tårerne kommer efterfølgende. De kan ikke holdes tilbage. Det virker overvældende. Hele kroppen reagerer. Det er svært at forstå, hvad der sker. Det er også svært at beskrive. Efterfølgende er der meget frisat energi i kroppen. Bevidstheden er mere klar og vågen. Samtidig mærker jeg en sårbarhed. Næsten hudløshed. Så er det godt at være i en beskyttet retreat-kolbe.

7.5 Bliv siddende

Man kan læse mange historier om retreat og meditation fra det gamle Tibet. Jeg har f.eks. læst en historie om Longchenpa (en stor tibetansk mester fra 1300-tallet), der sad flere år i retreat i en bjerghule. Toiletbesøgene foregik udenfor. Hver gang han skulle ud, skulle han igennem et tjørnekrat. Tjørnene stak, og han tænkte, at det ville være rart at fjerne det. Men hver gang tænkte han også: Hvis jeg dør i morgen, hvad er så vigtigst? At bruge tiden på at fjerne tjørnekrattet eller at bruge tiden på at praktisere? Han fik aldrig fjernet tjørnekrattet. Til gengæld blev han fuldt oplyst, og han blev en af de største mestre indenfor Dzogchen-linjen. Så det handler om at prioritere. Jo mere man vælger praksis, jo mere får man ud af det. Det er jo den erfaring, de fleste har fra andre sammenhænge. Hvis man f.eks. ønsker at blive god til en sportsgren, kræver det en stor indsats. Hvis man har det mål at blive OL-mester i 100 m crawl, skal der en kæmpe indsats til.

Også selv om man har et stort talent for svømning. Man er nødt til i flere år at indrette hele sit liv på svømning. Man indretter skolegangen, man tilpasser måltiderne efter træningstiderne, man spiser udelukkende det, der er godt for kroppen, man drikker næsten ikke alkohol, og man går stort set ikke i byen. Alt andet end svømning kommer i anden række. Og så skal der trænes mange timer hver dag, så man er nødt til at stå tidligt op for at nå det hele. Så alt i alt handler det i høj grad om at prioritere, hvis man virkelig ønsker for alvor at nå nogen vegne. Tjørnekrat eller praksis. Gå i byen hver weekend eller vinde OL-guld i 100 m crawl.

Men selv om man prioriterer, er der ingen garanti. Der er jo kun én, der vinder guld. En anden, med måske lidt større talent eller måske med en lidt større træningsindsats, er måske et hundrededelsekund hurtigere.

Med praksis er der heller ingen garanti. Mange mediterende falder fra. Og jeg forstår det godt. Det er en meget lang vej, hvis man virkelig vil opnå den frihed, som der så smukt bliver skrevet om i de gamle tekster, og som alle mestre så smukt taler om. Også de nulevende mestre. Målet lyder så smukt, og mange kan fornemme, at der er noget rigtigt i det. Men ikke mange vælger at blive siddende på meditationspuden. Det kan der være mange gode grunde til: Motivet er måske ikke klart. Forventningerne måske for store til hurtige resultater. Man vil måske ikke betale den pris, det koster på alle niveauer at blive siddende.

Jeg har ladet mig fortælle, at titusinder af vesterlændinge har været hos Tulku Urgyen og fået undervisning af ham. Men kun ca. 50 er blevet seriøst mediterende. Som Tulku Urgyen også skriver et sted: Antallet af mennesker er som stjerner på nattehimlen. Antallet af mennesker, der bliver tændt af meditation er som stjerner på morgenhimlen.

7.6 Meditationspuden og/eller tjørnekrattet

Longchenpa valgte at sidde på sin meditationspude i stedet for at klippe tjørnekrattet ned. Vi kan lade meditationspuden symbolisere det spirituelle og tjørnekrattet det verdslige. Jeg tror, alle, der i forskellig grad og på forskellig måde får berøring med det spirituelle, på et tidspunkt kommer til at stå i et dilemma. Det spirituelle kan meget let komme til at stå i modsætning til det verdslige, hvis man ønsker at gå længere ind i en spirituel udvikling. Man kan sige, at det verdslige er alt, der har med jeg'et at gøre. Det spirituelle er at slippe jeg'et. Det er derfor meget logisk, at der let kommer et dilemma. Blandt de mange spirituelt søgende, der kommer på Vækstcenteret og hos Jes, bliver dilemmaet ofte helt konkret det, at vi kan mærke en stor længsel efter en større indre frihed, og vi ved, hvor meget vi skal sidde på meditations-puden, hvis vi skal opnå denne frihed. Men vi kan ikke finde den nødvendige tid til at sidde på puden, fordi vi lige skal gøre studierne færdige, vi skal også lige sørge for en karriere for at kunne tjene penge til livets opretholdelse. Så finder vi en kæreste, og det er naturligt at få børn. Børnene skal naturligvis have første prioritet i rigtig mange år. Så er der mange, som vælger at købe et hus, da børnene skal have et ordentligt sted at bo. Det binder én til at arbejde på fuld tid, da man skal betale terminerne. Og så flytter børnene hjemmefra. Det må da kunne give tid til meditationspuden – tror man. Men der kan meget let opstå ting, der kræver éns opmærksomhed. Det kan være helbredet, skilsmisser, børnebørn og meget andet. Og længslen er der fortsat. For mange kan det blive frustrerende og smertefuldt at stå i dilemmaet. Nogle gange fortæller Jes, at han prøver at se tilbage på de mange år, han har undervist. Jeg har hørt ham konkludere, at den model, der har været mest gavnlig for flest muligt, er at prioritere praksis i mindre grad og at prioritere det verdslige i højere grad. Det vil sige, at sidde og praktisere én periode om dagen. Den ene periode kan så for de fleste blive et slags åndehul for den spirituelle side. Et åndehul, som kan berige og give et meningsfuldt perspektiv til det verdslige. Et åndehul, som kan hjælpe til, at alle jeg'ets gøremål kan få en friskhed. Et åndehul, der kan hjælpe én igennem de mange problemer, som uundgåeligt opstår gennem et normalt liv. Et åndehul, der kan gøre det lettere at se døden i øjnene, når den tid kommer.

At undlade at klippe tjørnekrattet er nok svært i dag. Muligvis kunne man godt isolere sig helt. Min skurvogn kunne måske godt stilles et sted, hvor jeg helt kunne undgå mennesker og så få leveret forsyninger én gang om måneden. Muligvis kunne Inger og børnene så være dem, der leverede disse forsyninger, så vi fik mulighed for at se hinanden. Muligvis kunne jeg oven i købet også få én til at sponsorere de nødvendige forsyninger. Men sådan en Longchenpa-agtig model tror jeg ikke helt på. Den vil være for ekstrem, og ikke en model ret mange vil kunne blive inspireret af.

Den model, jeg har valgt, er at bruge et par timer om dagen på at klippe tjørnekrattet. Resten af tiden handler om puden. Altså en både-og-model med hovedvægt på puden (altså siddepuden og ikke sovepuden).

7.7 Tunge dage

Det går altid op og ned – også på et langt retreat. Tendensen er, at alting bliver forstærket inde i kolben. Både når det går op, og når det går ned.

Nogle dage kan være tunge dage, hvad praksis angår. Ved flere af sidningerne lykkes det måske slet ikke at få en fornemmelse af at have den rigtige retning. Det er meget almindeligt at have den slags dage ind imellem. Det er godt at vide, at det går over igen. Men det er på sådanne dage, at den helt store udfordring kommer med at holde fast i praksis. Man kan let blive fanget af negative tankesæt. F.eks.: Nytter det noget at bruge så megen tid på praksis? Har jeg slet ikke forstået teknikken? Er det mig, der er noget galt med? Har jeg ikke fundet den rigtige mentor? Har jeg overset sider af mig selv, der nu skaber forhindringer? Og hvad nu, hvis det denne gang ikke lykkes at komme ud af disse tunge tanker? Gad vide om alt det med praksis blot er kejserens nye klæder? Det er her udfordringen går på ikke at lade sig fange ind af disse spørgsmål og tanker. At være neutralt iagttagende. At se det som et nyt bevidsthedsindhold, der kan praktiseres på. Min erfaring er, at der for mig kun er én brugbar løsning: Vedholdenhed. Jeg skal bare holde fast i rytmen. Også selv om der er tunge dage, hvor kroppen gør ondt. Knæet gør ondt. Jeg forsøger at ændre på siddestillingen. Men lige meget hjælper det. Eller rastløsheden er lige ved at få overtaget. Jeg får lyst til at lave alt muligt andet. Der kommer tanker om en hel masse, jeg lige kan få lavet. Kræfter arbejder på at få mig væk fra puden. Udfordringen er at blive siddende og blive ved med at forsøge at praktisere: Husk åndedrættet, afspænd i hele kroppen, forsøge at være neutral overfor tankerne. Måske lave chakraøvelser i et forsøg på at få bioenergien i ro.

Så pludselig slipper det. Solen skinner igen gennem skyerne. Så kan jeg mærke solens varme og slippet kan gå dybere. Som om mørket giver lyset ekstra kraft. Mørket kan blive en hjælper. I det øjeblik mørket slipper, står den gyldne port åben. Fantastisk og utroligt.

7.8 Skygger og dæmoner – mulig føde for praksis

For nogle dage siden kom en mail fra nogle mennesker, som jeg tidligere har haft en konflikt med. Det er meget få mennesker i hele mit liv, jeg har haft konflikt med. Det var en ubehagelig mail, som var en udfordring for emotionerne. Jeg var på kogepunktet. Både vrede, skuffelse og sårethed væltede frem. I det gamle Tibet ville man nok sige, at en dæmon lige dukkede op og skulle markere sig. Opgaven er så ikke at blive overmandet af dæmonen. Her kommer et grundigt selvudviklingsarbejde på prøve. Emotionerne var så kraftige, at min praksis ikke var god nok til at slippe dem. Så er det godt at have en værktøjskasse af selvudviklingsteknikker. 'Skygger' ville Jung nok kalde de mennesker, jeg havde en konflikt med. Der må være noget inde i mig, der gør, at jeg reagerer så kraftigt. Noget der ligger i skygge, som jeg ikke kan se. Så den gode gamle skyggemeditation trækkes op af værktøjskassen. Projektionerne bliver trukket hjem. Dæmonen bliver tæmmet. Så kører praksis igen – endda bedre end før. Den energi, der før var bundet i skyggerne, bliver nu frigjort og er frigjort til praksis.

I det hele taget kan mange slags ubehageligheder komme frem under et retreat. Der bliver opbygget så meget energi, at jeg'ets almindelige forsvarsværk ikke altid kan holde. Gamle skeletter i skabet kan røre på sig – f.eks. gamle traumer. Der kan også komme rastløshed, kedsomhed, ensomhed, meningsløshed og mange andre ting. I bedste fald kan det blive føde for praksis. Jo mere energi der er i ubehagelighederne, jo mere energi kan der frigives til praksis. Dæmoner og skygger kan blive til føde for praksis. I modsat og værste fald kan dæmonerne og skyggerne gøre retreatet til et helvede, så man enten må sætte antallet af perioder væsentligt ned eller forlade retreatet helt.

7.9 'Lung'

'Lung' er et tibetansk ord, der kan betyde flere ting. En af tingene er "meditators disease". Det er sygdomsagtige symptomer i kroppen, som kan komme, hvis man presser sig selv for meget. Det er velkendt blandt praktiserende i det gamle Tibet – specielt når man sidder i lange retreats. Tre gange i løbet af de tre år i reterat har jeg haft hjerteflimmer, som formentlig var lung. Hver gang var det af et døgns varighed. Jes mente også det var lung. Han henviste mig til en tibetansk læge, som jeg fik telefonisk kontakt med. Hun sendte mig noget tibetansk urtemedicin.

Praksis frigiver konstant meget energi. Jeg er af den type, der hurtigt får ideer til ting, der kan laves. Jeg er også af den type, der får gjort idéer til handlig. Da der har været stort overskud af energi, har jeg derfor haft gang i mange projekter. Det har i perioder gjort, at der ikke et øjeblik har været nogen pause fra kl. fire om morgenen til sengetid kl. ti – og alt er foregået i højt tempo for at nå det hele. Jeg har ikke taget hensyn til, at kroppen snart er 60 år gammel. Jeg har presset mig selv for meget – og dermed også hjertet. Det er en nærliggende fysisk forklaring på hjerteflimmeret.

Jeg har også set på, om der kunne være andre ikke-fysiske årsager til hjerteflimmeret. Risikoen ved hjerteflimmer er, hvis det står på over to døgn, at der kan være blod i hjertet, der står stille og derfor kan koagulere. Hvis det størknede blod bliver ført op til hjernen, kan det give blodpropper. Hjerteblod, der ikke bliver cirkuleret, kunne evt. symbolisere hjerteenergi, der ikke bliver tilstrækkeligt cirkuleret med andre mennesker. Altså er det muligt, at jeg skal cirkulere noget mere. Jeg er den introverte type. Praksis og retreat passer derfor godt til mig. At cirkulere hjerteenergien kunne være det, at mine erfaringer med praksis og retreat skal cirkuleres med flere mennesker. Altså er det muligt, jeg skal være mere ekstrovert. Som det hele ser ud lige nu, kommer jeg til at undervise noget mere, når jeg kommer ud af retreatet. Det er en måde at cirkulere på og være mere ekstrovert. Den igangværende skriveproces er også en måde at cirkulere på. Så kan kun tiden vise, om det er tilstrækkeligt – ellers vil jeg kontakte lægesystemet, når jeg kommer ud af retreatet.

7.10 Ekstasen

Skyggerne, dæmonerne, de tunge dage og 'lung'. Mørket kan ikke undgås. Sådan er det for mig, og sådan er det mig bekendt for alle andre praktiserende og i alles retreats. Hvis man bliver ved med at holde rytmen og holde praksis, har jeg erfaret, at det heller ikke kan undgås, at man kommer i det andet ekstrem: Lyset og ekstasen.

Det er, når praksis virkelig lykkes. Det er fuldstændig fantastisk. Det er næsten ikke til at beskrive med ord. Hele kroppen vibrerer af ekstrem glæde og lykkefølelse. Energien strømmer frit. Det er en overnaturlig guddommelig kraft, der strømmer gennem én. Det går gennem hver en celle i kroppen. Alting er lysende. Kroppen lyser og alt i omgivelserne lyser. Dybe indsigter i livets store mysterier kommer til syne. Det må være paradiset, tænker man. Det hele sker ved, at man bare sidder der på sin pude og bliver ved med at kikke ind.

Om det er lyset eller mørket. Om det er høje oplevelser eller det er helvede. Opgaven er den samme hver gang: Kik ind. Sagt på en børnerims-agtig måde handler det derfor om:

Hvad end der skér
– acceptér og praktisér.

8: Drømme

Drømmene har for mig igennem alle årerne været et vigtigt redskab både i selvudviklingsprocessen og i praksisprocessen. Det er et redskab til at se ind i det ubevidste. Den model eller drømmeforståelse, jeg bruger, har jeg lært både af Jes og af Bob Moore. Grundideen er fra den Jungianske model.

I løbet af mine tre år i retreat har jeg holdt specielt øje med to slags drømme. Dels advarselsdrømme og dels praksisdrømmene. Advarselsdrømme er drømme, hvor der sker meget voldsomme og alvorlige ting. Det kan f.eks. være naturkatastrofer. De alvorlige advarselsdrømme har der ikke været. Til gengæld har der været mange praksisdrømme. Praksisdrømme er de drømme, hvor man husker at praktisere – slippe bevidstindholdet, se ind i åbenheden og lade sig hengive til åbenheden. Disse drømme viser, at det ubevidste arbejder videre med praksis om natten. Det skal lige siges, at man godt kan være en flittig og dygtig praktiserende uden at have praksisdrømme. Jeg hører så tilfældigvis til typen med de mange praksisdrømme.

Ofte er det for mig lettere at få praksis til at fungere i drømmene end i virkeligheden. Derfor kan jeg nogle gange bruge stemninger og metoder fra praksisdrømmene, når jeg i vågentilstanden praktiserer.

I gennemsnit har der været ca. to praksisdrømme pr. måned i løbet af de tre år. De er kommet oftest i klumper i de perioder, hvor praksis er gået godt.

I praksisdrømmene er det min erfaring, at der normalt i drømmen kan ske fire ting efter praksismomentet – som sagt det øjeblik hvor man i drømmen husker at slippe bevidstindholdet, og lader bevidstheden gå ind mod åbenheden. For det første vil der, for personer, som er i starten af en praksisproces, ofte ske det, at man vågner fra drømmen. Man vågner ofte, fordi momentet frigør meget energi. Man siger, at drømmene foregår på det 3. bevidsthedsplan eller det astrale plan. Når man vågner op, er det til næste bevidsthedsplan: fjerde plan eller det mentale plan, som vågenvirkeligheden hovedsageligt består af. For det andet kan der i praksisdrømme ske det, at drømmesceneriet skifter umiddelbart efter praksismomentet. For det tredje kan man lykkes med at praktisere videre, selv om praksismomentet får energiniveauet til at stige kraftigt. Der kan efterfølgende ske voldsomme ting i drømmen. F.eks. kan nye dimensioner åbne sig, alting bliver lysende og plastisk, eller man kan flyve eller foretage sig andre overnaturlige ting. Eller der opstår drømmescenarier fra noget, der ligner tidligere liv. Ofte bliver man også lucid, hvilket betyder, at man – mens man drømmer – er klar over, at det er en drøm, og at man ligger i sin seng og sover. Den slags drømme, siger man, er på femte eller sjette bevidsthedsplan afhængig af, hvor meget energi praksis kan bære i drømmen. En fjerde og sidste ting, der kan ske i en praksisdrøm, er, når man i drømmen praktiserer og når Rigpa. I drømmen er man klar over, at det er Rigpa.

Jeg vil i det følgende komme med nogle eksempler på enkelte af mine praksisdrømme fra retreatet:

"Jeg er i Dharamsala og snakker med Dalai Lama. Hans nærmeste elev er der også. Eleven læser en gammel tekst for mig. Da han siger ordet 'compassion', slipper jeg, og både bevidstheden og hjertet åbner sig samtidig. Hjertet åbner ind til medfølelse i forhold til lidelsen, der er alle steder, og tårerne strømmer. Bevidstheden åbner tilbage i det gamle Tibet, hvor jeg husker flere tidligere liv, hvor jeg har praktiseret meget og siddet i lange retreats. Samtidig står det klart for mig, at der først nu er en parathed til at videreformidle den viden, jeg har fra dengang, og den skal videreformidles til andre praktiserende. Dalai Lama kommer hen til mig. Giver mig et stort knus og siger, at det vist var godt, at jeg kom ned til ham."

Denne drøm er et eksempel på, hvordan praksis i drømme kan åbne bevidstheden til noget, der bliver kaldt tidligere liv. Hvorvidt der findes tidligere liv, ved jeg ikke. Jeg har ikke i vågenbevidstheden nogen oplevelser af den slags. Det er kun i drømmen, at jeg af og til får nogle erindringer. Drømmen siger også noget om videreformidlingen af praksis- og retreat-erfaringerne. Som tidligere nævnt kom meditationskurserne til at blive en vigtig del af retreatet. Det blev her, jeg kunne cirkulere meget af den energi, der blev opbygget. Mit indtryk er også, at det har været til inspiration for kursisterne at komme ind i en intens retreat-kolbe og få del i de erfaringer, jeg gjorde mig.

Her kommer et andet eksempel på en praksisdrøm, hvor et af temaerne er formidling:

"Der er en ung indisk mand. Han har bar overkrop og bare ben. Om underlivet har han et hvidt klæde. Han er en siddhi og øver sig i at levitere (flyve). Han kan levitere til en vis grad, når han holder sig til en stolpe, som er sat i jorden lige ved siden af ham. Han skal være min elev. Jeg sætter mig i

skrædderstilling lige overfor ham og siger: "Nu skal jeg vise dig, hvordan du skal gøre". Jeg laver en bevægelse med hænderne fra min pande og ned til navlen. Derfra laver jeg et slip med hænderne, hvor fingrene går opad. I samme øjeblik slipper jeg i bevidstheden (praksismoment) og kroppen letter fra jorden. Eleven gør det samme. Han følger med et stykke op i luften. Men det varer ikke så længe, før han går nedad igen. Jeg fortsætter med at slippe. Det går nu ekstremt hurtigt opad. Og inden længe befinder jeg mig langt ude i verdensrummet. Her er fuldstændigt stille, tomt og ingen tidsfornemmelse. På et tidspunkt beslutter jeg mig for at komme tilbage igen. Jeg laver igen en bevægelse med hænderne fra panden og ned til navlen. Derefter siger/råber jeg lyden: 'Pha'. Og i samme øjeblik lander jeg igen på jorden. Virkeligheden er nu lysende og plastisk. Jeg er usikker på benene. Min elev kommen hen til mig og tager mig under armen for at støtte mig. Kort tid efter er virkeligheden igen normal. Jeg registrerer, at det nu er blevet skumring – så der må være gået flere timer. Jeg ser også, at vi er ved siden af et stort konferencecenter, hvor der er mange mennesker. Der er konference om meditation. Jeg ser Marianne Walther og ved så, at Jes også er med til konferencen. Jeg har lyst til at møde Jes, men ikke lyst til de mange mennesker og den megen snak. Derfor samler jeg mit meditationsgrej op, og sætter det på min cykel. Min elev gør det samme. Vi cykler afsted for at finde et stille sted at praktisere."

Det sker meget ofte i mine praksisdrømme, at jeg begynder at flyve efter et praksismoment. Det kunne symbolisere, at praksis giver mulighed for at bevidstheden kan gøre sig mere fri af den fysiske virkelighed og fri for de begrænsninger, tyngdekraften giver. Det er jo også at bevæge sig frit i luften. Det er luftelementet, som kunne symbolisere hjertet (ud fra chakrasystemet).

Her kommer et andet eksempel på en flyvedrøm:

"Jeg praktiserer. Der er også en anden til stede. Pludselig sker der noget meget usædvanligt med kroppen. Jeg kan mærke en kraft, som vågner op inde i mig. Jeg ved, at jeg kan flyve, hvis jeg slipper yderligere. Så jeg slipper, og kroppen svæver op i luften. Jeg retter opmærksomheden mod selve bevidstheden og opdager, at det er en drøm. Derefter bevæger jeg mig ind i en anden dimension, hvor alt opleves som lys og energi i bevægelse."

Her kommer endnu en drøm i samme boldgade:

"Jeg har en praksissamtale med en mandlig praktiserende og kan mærke, at han er klar til at slippe dybere. Jeg siger til ham: "Der er et gitter, som filtrerer virkeligheden. Praksis består i at slippe gitteret og være åbenheden". Jeg praktiserer samtidig med, at jeg instruerer. Slipper, og kan nu se ham, som han er. Han bliver energi-agtig. Drømmen bliver lucid. Jeg kan i nogle øjeblikke skifte mellem to tilstande: Det at være i drømmen, som foregår oven over min krop, og herfra kan jeg se kroppen i sengen. Den anden tilstand er, at jeg er i kroppen og kan se drømmen foregår over min krop."

Det er lidt specielt at kunne skifte mellem de to tilstande og samtidig kunne se den anden tilstand udefra. Noget lignende sker, når jeg nogle gange er nødt til at tage en morgenlur, fordi jeg har været ekstra tidligt oppe. Jeg prøver så at praktisere i indsovningen. Så kommer jeg nogle gange i en tilstand, hvor jeg med åbne øjne kan se drømmene. Det er en meget speciel oplevelse, men spændende. Da drømmen jo også er lucid, er jeg nogle gange i stand til at få praksis ind i drømmen. Dette kaldes vist nok drømmeyoga.

Jes er med i de fleste af mine praksisdrømme. Jeg vil tro, at han er med i tre ud af fire. Ofte laver han direkte 'pointing out' eller også får hans tilstedevær mig til at huske at praktisere. Her kommer nogle eksempler:

"Jes spørger mig, om jeg har haft Rigpa-drømme. Jeg siger, at jeg har haft flere store praksisdrømme, men er i tvivl om, om det er Rigpa-drømme. Jeg kommer i tanke om at praktisere og slipper. Det frigør så meget energi, at kroppen letter/flyver. Lyde forsvinder, så jeg kan ikke høre Jes. Nu forsvinder alt bort set fra Jes, der nu bare er pastelagtigt gyldent lys."

"Jeg sidder ved et bord sammen med Jes og to andre praktiserende. Pludselig – uden anledning og uden at jeg gør noget – kommer der et slip. Jeg ryger bagover, og kroppen svæver. Jeg kommer ind i en tomhed. Da tilstanden aftager, kommer jeg i en lucid tilstand. Foran mig ser jeg blå og hvide farver. Farverne former sig til en blå og hvid Buddha."

"Jeg er i en gruppe hos Jes, som underviser om sjette plan. Jeg opdager, at jeg sidder på skødet af ham med ryggen ind mod hans bryst. Han holder mig om håndleddene og laver nogle blide bevægelser med mine arme. Det får mig til at slippe yderligere. Jeg oplever, at jeg smelter sammen med Jes' krop. Jeg kan ikke mere høre, hvad Jes siger, men tænker, at ordene er ligegyldige. Jeg begynder at se forskellige scenarier. F.eks. at Jes samtidig er i en anden dimension, hvor han er en lysende skikkelse. Der er en stor frihed. Jeg kan bevæge mig ind i de forskellige scenerier/verdener. Jeg begynder at græde af taknemmelighed. Jes tørrer mine tårer væk". Jeg vågner og tårerne løber videre.

Denne drøm, vil jeg mene, er en sjette plans drøm. Da der også foregår en sammensmeltning med Jes, vil jeg mene, at drømmen bevæger sig hen til grænsen til syvende plan.

I den næste drøm lykkedes det i praksismomentet at nå syvende plan/Rigpa. Det er formentlig den vigtigste praksis-drøm, der har været i løbet af de tre år.

"Jeg er til undervisning hos Jes i en gruppe. Det foregår i blå sal på kursusstedet ved Limfjorden. Jeg holder mig tilbage med min praksis, fordi jeg ikke ønsker at tage pladsen fra de andre. Da undervisningen er ved at være slut, og folk skal til at rejse sig, råber Jes pludselig en kraftig lyd og siger umiddelbart bagefter: "Kik ind". Jeg slipper helt. Jeg ved, det er Rigpa. Der er kun ren bevidsthed. Flere gange kommer der et subtilt bevidsthedsindhold (et tankekim), som jeg slipper og kommer derved tilbage til Rigpa. Da jeg kommer ud af tilstanden, ryster kroppen af den megen energi. Jes kommer smilende hen til mig, og giver mig et stykke papir, hvorpå han har skrevet og tegnet noget, mens jeg var i Rigpa. Først kan jeg ikke se, hvad der er på papiret. Dels ryster kroppen og hænderne, så jeg ikke kan holde papiret stille. Og dels er jeg stadig i en meget udvidet tilstand, hvor bevidstheden er defokuseret. Jeg koncentrerer mig meget for at samle bevidstheden, og kroppen begynder at falde til ro. Jeg kan nu se, at der er flere ord med to bogstaver og forskellige linjer, buer og streger. Da jeg drejer på papiret på en bestemt måde, kan jeg pludselig se, hvad det er. Tegningen viser Jes, som ligger ned. Ud fra hans krop er tegnet en udstråling. I denne udstråling kan jeg se profiler af to ansigter. Ordene, som står på tegningen siger: "Vi er ét". Så forstår jeg, at der er sket en sammensmeltning med Jes. Jeg tænker så, at jeg er det ene ansigt på tegningen og spekulerer på, hvem det andet ansigt symboliserer. Jeg bliver klar over, hvem det er". Jeg vågner fyldt med energi.

Som sagt lytter jeg meget til drømmene. Sådan har det været gennem alle årene. Hvis jeg samlet set skal lytte til drømmene gennem de sidste tre år, tyder det på, at det er lykkedes ikke at komme ud, hvor jeg ikke kunne bunde. Det er lykkedes at holde jordforbindelsen på trods af så meget praksis. Det er også lykkedes at undgå inflationsagtige tilstande – er min oplevelse af mig selv. Jeg har også tillid til, at andre ville have råbt vagt i gevær, hvis jeg var kommet i nærheden af sådanne tilstande. Min tolkning af praksisdrømmene er, at der samlet set er sket en fordybelse af praksis i løbet af de tre år.

I det følgende kommer et andet forsøg på at beskrive, hvad der sker, når jeg praktiserer. Det er nogle praksissituationer, hvor jeg sidder ude i naturen.

9: Naturens belæringer

9.1 Søens verden

Som beskrevet tidligere har jeg anlagt en lille sø foran mit meditationsshelter. Søen giver anledning til refleksioner. I den lille søverden er der en evig cyklus af død og liv: Æd eller bliv ædt. Et liv bliver ædt af et liv, der er lidt højere oppe i fødekæden. Det er den barske virkelighed i den ellers så idylliske sø med åkander, salamandere, frøer, vandkalve, skøjteløbere og mange andre smådyr og insekter. Virkeligheden er barsk. Alle steder handler det om at æde eller blive ædt. Det handler om at overleve eller dø. Det minder livet i søen mig om. En god påmindelse for praksis. For det handler jo om at kunne rumme både glæden og sorgen, livet og døden. Den evige cyklus af liv og død, som jeg jo selv og vi alle er en del af. En del af praksis er at se det i øjnene, at alting forandrer sig, at alt liv ophører. Sådan er det i søen. Sådan er det med mig. Sådan er det med alle de mennesker, jeg kender og holder af. Livet varer kun et øjeblik. Så er det slut. Jeg kan prøve at hægte mig på glæderne og skubbe sorgerne væk. Men det er et umuligt projekt. Begge dele er virkeligheden.

Jeg sidder foran søen, som jeg plejer, og mediterer. Jeg kan intet stille op – livet er jo, som det nu er i søen. Den barske cyklus fortsætter uanset hvad. Så jeg kan ikke gøre andet end at se på og acceptere virkeligheden. Derfor sidder jeg blot stille og lader sind og sanser være åbne. Blot betragte og ikke gribe ind. Jeg prøver at forholde mig på samme måde til det indre. Med åbent sind betragter jeg, hvad der kommer op til overfladen af tanker, følelser, fantasier, stemninger, m.v. Det skifter hele tiden. En evig strøm, der skal have lov til at strømme. Det kaldes neutral iagttagelse eller mindfulness.

En tak til søens belæringer.

9.2 Fuglesang

Jeg sidder i mit shelter og praktiserer. Det er midten af maj måned. Fuglesangen på sit højeste. Naturens orkester er ved sit klimaks. Den ene fuglesang smukkere end den anden. Solsorten, der fra toppen af grantræet synger solen op. Den lille gærdesmutte med sin strittende hale, der som en dirigentpind holder takten på sin egen utrolig gennem-trængende og højtlydende sang. Munken med sine smukke triller. Gransangeren, der tålmodigt dagen lang gentager sin korte sang, som en gammeldags grammofonplade, der kører i samme rille. Sangdroslen, der i kraft, variation og fylde, overgår de andre. Sanglærken højt oppe i luften overskuer verden, mens den synger lystigt. Pludselig kommer et gennemtrængende advarselssignal fra musvitten. Hele orkestret stopper, og alle orkestermedlemmerne skynder sig i skjul. Det er spurvehøgen, der med stor fart og i lav højde er kommet ind i orkestersalen og styrer direkte mod gråspurven. Musvitten fik denne gang advaret i tide. Gråspurven er nået ind i midten af grenbunken, hvor spurvehøgen ikke kan nå den. Spurvehøgen flyver derfra igen med tomme kløer. Der går ikke mange sekunder, før de mest modige i orkestret vover sig ud af deres skjul og ud på favoritpladsen, hvor de alle genoptager deres bidrag til, at denne smukke forårsdag bliver en fryd for øje og øre. Mine øjne og ører er åbne, og fryden trænger dybt ind. Følelserne svinger med. Glæden over den smukke sang, glæden over dette vidunderlige liv, der udspiller sig, frygten da musvitten meldte spurvehøgens ankomst. Lettelsen over, at den ikke fik held denne gang. Jeg slipper følelserne. Der opstår en tanke om, at der bag den smukke sang er undertoner af magtkamp, rivalisering og et forsvar af sit territorium. Og hvad med spurvehøgens unger? Skal de nu lide? Verden er ikke kun sort og hvid. Jeg slipper tankerne. En ubeskrivelig oplevelse af, at alting hænger sammen. Lyset og mørket er to sider af samme sag.

En tak til fuglenes belæringer.

9.3 Den blå guldsmed

I går kom den blå guldsmed og tog herredømmet over søen. Den sidder oven på hovedet af en Buddha-figur på en sten ved søens bred. Her har den et godt udsyn. Den virker til at være opmærksom på alt, hvad der rører sig omkring søen. Så snart der kommer en anden han i nærheden, forlader den straks Buddhas hoved og jager rivalen væk. Så snart der kommer et spiseligt insekt flyvende, går jagten ind. Den kan fange fluer i luften – en utrolig flyver. Så snart den ser nogen farer, er den hurtig væk. Så snart der kommer en gylden hun-guldsmed, forlader den straks den vågne buddhaposition, indfanger hunnen og parringen begynder. Kredsende over søens overflade er de forenet i en blå og gylden cirkel. Der er magi i luften. Straks efter går hunnen i gang med æglægningen. Den flyver elegant langs bredden af søen og berører vandoverfladen i en jævn rytme med den gyldne underkrop, hver gang den lægger et æg. Den ser ud som en balletdanserinde, der svæver hen over scenen med kun tåspidsen, der ind imellem berører gulvet. Den blå han står helt stille i luften som en helikopter, og følger nøje med i alle hunnens bevægelser. Så snart æglægningen er slut, bliver hunnen jaget bort, og han er tilbage på den vågne buddha- position, hvor den sidder fuldstændig stille og betragter hver en bevægelse eller rørelse.

Det er som en praktiserende, der betragter hver en rørelse i sindet. Der er dog en stor forskel. Guldsmeden er i instinkternes magt. Guldsmeden reagerer automatisk. Til- trækningen af hunnen og af fluen. Frastødningen af rivalen. Flugten, når farerne lurer. Det hele sker automatisk. Den gode praktiserende er ikke i instinkternes magt. Hun eller han er i stand til at sidde helt stille i buddhapositionen og blot betragte sansninger og tankestrømmen. Ikke blive revet med af noget. En stille position hvilende i neutral iagttagende indstilling til alt, hvad der rører sig. Guldsmeden reagerer instinktivt for at overleve. Vi behøver ikke reagere instinktivt for at overleve. Det er det fantastiske. Vi har muligheden for at frigøre os fra de automatiske, vanemæssige og instinktive reaktioner. Det er den frihed, der gør praksis så attraktiv.

En tak til guldsmedens belæringer.

9.4 Himlens uendelighed

Jeg sidder ved søens bred. Opmærksomheden er defokuseret og dermed ikke fanget ind af noget bestemt. Blikket er vendt mod søens overflade. Der er helt stille bortset fra, at fuglene synger, det er forår. Den blå himmel spejler sig i vandet. Den uendelige himmel. Jeg er blot et lille fnug på en stor blå planet. Jeg slapper af og holder defokus. Den store blå planet er blot et lille fnug i et stort solsystem. Jeg ånder ud og prøver ikke at holde fast i tanken. Solsystemet er blot et lille fnug i en stor galakse. Det bliver svimlende og et svært perspektiv at rumme og endnu sværere helt at erkende. Jeg trækker vejret og slapper helt af. En ny tanke opstår. Galaksen er blot et lille fnug blandt uendeligt mange galakser i et uendeligt univers. Jeg prøver at give slip ind i det uendelige rum. Udvidelse – uendelig stor vidde. Måske det uendelige univers blot er et atom i en vanddråbe i en lille sø foran en skurvogn, hvor der sidder en mediterende og ser ned på vandoverfladen. Jeg prøver igen: Slapper af, dyb vejrtrækning, ikke blive fanget af tankerne. Der kommer mere ro og klarhed. Uendeligheden er alle vegne. Tanken opstår om, at uendeligheden jo også går indad i mikrokosmos. Mikrokosmos og makrokosmos er måske det samme. Uendeligt småt og uendeligt stort. Igen bare en tanke. Igen slip.

En tak til den uendelige himmels belæringer.

9.5 Vandspejlet

Jeg sidder ved bredden af den lille sø og praktiserer. Blikket er rettet mod søens vandoverflade. På den anden side af søen står den lille Buddha-figur stadigvæk på en sten. Jeg ser i vandspejlet Buddha-figuren. Den lyseblå guldsmed sidder stadig på sin plads på toppen af Buddhas hoved og betragter vagtsomt omgivelserne. Der kommer en skøjteløber, som i ryk bevæger sig på vandspejlet og bryder det med små bølgeringe. Spejlbilledet af Buddha bliver uklart. Salamanderen kommer pludselig op til overfladen – måske for at få en mundfuld luft, eller måske fanger den et lille insekt. Også den efterlader ringe i vandet, som gør Buddha-figuren i vandspejlet helt ukendelig. Vandet falder nu helt til ro igen, og både himlen og Buddha ses nu helt klart. Sådan bliver det ved. Hele tiden tilsløres spejlbilledet. Det kan være mere eller mindre. Når det regner eller blæser, er der kun tilsløringer. Når der er stille vejr og insekterne er i ro om morgenen, kan vandspejlet være fuldstændig blankt i lang tid, og Buddha ses klart og uhindret.

Det er på samme måde med praksis. Praksis handler i mine øjne om at forsøge at lade den oprindelige bevidsthed eller Buddha-natur komme klar og uhindret frem. Men hele tiden kommer der tanker, som skaber bølgeringe af nye tanker, der tilslører retningen mod Buddha-naturen. Nogle gange er der mange tanker. Nogle gange er der få tanker. Nogle gange er tankerne altoverskyggende. Andre gange er tankerne overfladiske og forsvinder let igen. Nogle tanker kører uden, at vi helt er klar over det, men pludselig opdager man, at associationer har ført én langt væk. Den evige strøm virker umiddelbart umulig at gøre noget ved. De fleste kan med viljeskraften i en kortere periode holde tankerne i skak, og koncentrere sig om at være i en ro og stilhed. Men efter et stykke tid dukker tankerne op igen og får meget let styringen. Så hvad er der at gøre, hvis man ønsker at gøre sig fri af de evige forstyrrelser af sindet? Insekterne er der jo fortsat og berører vandspejlet. Og det regner og blæser jo fortsat med jævne mellemrum.

Som jeg har forstået praksis, er løsningen, i overført betydning, at løfte blikket fra spejlbilledet af Buddha-figuren i vandspejlet og i stedet se på selve Buddha-figuren, som er den egentlige essens af spejlbilledet. Så gør man sig fri af de tilfældige rørelser og omstændigheder, som hele tiden er der og hele tiden fanger opmærksomheden. Som tidligere nævnt kaldes det for dobbeltrettet bevidsthed eller apperception: Opmærksomheden bliver vendt væk fra de evigt skiftende bevidsthedsindhold og ind mod selve det at være vågen. Det, at der er en bevidsthed, som registrerer tanker, sansninger, osv. Et praksismoment kaldes det også. Vanen gør, at vi et øjeblik efter igen har rettet blikket ned mod vandspejlet og forstyrrelserne indtræffer hurtigt. Et insekt, et vindpust. Det har vi været vant til hele livet. Der er altid et projekt. Opmærksomheden er hele tiden hægtet på et eller andet. Vi glemmer hurtigt, hvordan det er ikke at være hægtet på noget. Derfor er vi nødt til igen og igen at huske på, at vi også har mulighed for at lade opmærksomheden rette sig mod Buddha.

Endnu engang tak til søens belæringer.

9.6 Påskeliljen og humlebien

Jeg sidder som sædvanligt ude og praktiserer. Jeg ser påskeliljen, der lige er sprunget ud. Den står lige ved siden af den lille femkantede sø. Påskeliljen, der troligt springer ud hvert år. Den første humlebi har fundet den, og ser ud til at være lidt omtumlet efter vintersøvnen. Men den finder – efter flere forsøg – ind til påskeliljens honning og nektar. Jeg har ro i sjælen, kroppen og åndedrættet. Det giver mulighed for at åbne sanserne og sindet. Jeg både beundrer og undres. Jeg beundrer skaberværket. Ufatteligt smukt. Både humlebien og påskeliljen er fantastiske mesterværker. Alt i naturen er ufattelige mesterværker. Jeg beundrer og undres. Undres over alting. Undres over meningen med det hele, når det alligevel slutter en dag. Både humlebien og påskeliljen har kun kort tid at leve i. Om tre uger er påskeliljen visnet. Hvad er meningen med det? Både humlebien og påskeliljen er selvfølgelig med til at skabe nyt liv, en ny generation. Og næste forår kommer humlebiens afkom og finder ind til påskeliljens nektar og honning. Er det den eneste mening med alt liv – at skabe en ny generation? En uendelig cyklus indtil verdens undergang. Der må være en dybere mening.

Buddha talte om de fire ædle sandheder. Den første: Alt levende dør – både humlebien og påskeliljen – det giver lidelse. Den anden: Lidelse har en oprindelse, som er den evige cyklus af liv og død. Den tredje: Den evige cyklus og dermed lidelse er også midlertidig. Den kan også ophøre. Den fjerde: Metoden til lidelsens ophør er at vågne op ved hjælp af praksis.

Hverken humlebi eller påskelilje kan, så vidt jeg ved, praktisere. Vi mennesker har derimod alle en enestående chance for at praktisere.

En tak til påskeliljens og humlebiens belæringer.

9.7 En eventyrlig og stille morgen

Det er tidligt om morgenen. Det er en af de perioder, jeg sidder i retreat ved Limfjorden. Klokken er halv fem. Jeg sidder ude, som jeg plejer. Lunt og godt sidder jeg i mit hjemmelavede meditationsudstyr med blikket rettet ud mod morgenhimlen og Limfjorden. Der er noget ganske særligt ved denne morgen. Det er fuldstændigt stille. Ikke en vind rører sig. Ikke en bølge på fjorden – totalt havblik. Jeg kan ikke høre en eneste menneskabt lyd. Stilheden ligger tykt i luften og virker gennemtrængende. Det er, som den ydre stilhed inviterer til indre stilhed. Tankerne er lette at få øje på i denne totale stilhed. Så jeg når at fange dem, inden de helt fanger opmærksomheden. Det lykkedes derfor forholdsvis let at slippe tankerne. Sanserne skærpes og åbnes. Det filter, sanserne plejer at danne mellem mig og omverdenen, fortyndes. Der er ikke stor afstand mellem mig og vandet, mig og himlen, mig og morgenduften, mig og den opvågnende natur. Pludselig kommer der en kæmpe flok skarver. Der er mindst 300. Jeg ved, der er en skarvkoloni i nærheden – men så mange troede jeg ikke, der var. Det er vist nok en af de ældste fuglearter, der findes. De passer lige ind i stemningen denne morgen. Stemningen af noget urgammelt og eventyr-ligt.

Det er en god stemning at praktisere i. Den urgamle opskrift med at kikke ind i retning af den, der oplever. Den, der ser. Den, der mærker stilheden. Hvad er det, der ser skarvflokken og tænker, at der mindst er 300? Hvad er det, der oplever denne eventyrlige morgen? Slippene går lettere end normalt. Synsindtrykkene ændrer sig. Alting bliver lysagtigt. Jeg forsøger at blive ved med at hvile i ikke at blive fanget af ændringerne. Der begynder at komme regnbuefarver på himlen. De pulserer og bevæger sig. En fantastisk tilstand af lyksalighed og harmoni. En ydre og indre urstemning. Den tilstand, som ikke kan sammenlignes med noget andet, jeg kender til, og som overstiger alt andet, jeg kender til.

En tak til naturens belæringer.

10: Amatørdigte

Jeg er på ingen måder digter. Det er højst blevet til nogle få vers til sange, når der har været fest i familien. Derfor er det også lidt af et vovestykke at tage nogle digte med i denne bog. Også derfor har jeg kaldt kapitlet for amatørdigte.

Ligesom det forrige kapitel er dette et forsøg på at gengive nogle stemninger, oplevelser og tanker under meditationerne.

10.1 Lyset og mørket

Hvad er lyset uden mørket?
Hvad er mørket uden lyset?
Hvad er lyset og mørket uden én, der oplever det?
Hvad er opleveren uden lyset og mørket?
Ingenting.
Hvad er ingenting uden alting?
Hvad er alting uden ingenting?
Måske er alting ingenting.
Måske er ingenting alting.

10.2 Den tomme stol

En stol kan være optaget eller den kan være fri.
Når den er optaget, er den ikke fri.
Når den ikke er fri, er den ikke tom.
Når stolen er fri, er den ikke optaget.
Når den er fri, er den tom.
Ikke-optaget er lig med fri er lig med tom.
Sindet kan være optaget eller det kan være frit.
Når sindet er optaget, er det ikke frit.
Det er fanget.
Når sindet er ikke-optaget, er det frit.
Det er tomt.

Stolen kan være optaget af posedamen med sit fedtede hår og snavsede tøj eller af dronningen med diamantbesat guldkrone eller af jomfru Maria i sin stråleglans. Vi glædes når dronningen eller jomfru Maria sidder i stolen. Vi har lyst til, at hun bliver siddende. Vi bliver optaget af skønheden. Når posedamen sidder i stolen, kan vi måske væmmes. Vi har ikke lyst til, at hun sidder der. Vi prøver måske at få hende til at fjerne sig. Eller vi kan måske få medlidenhed med hende. Måske skal vi tage os af hende. Give hende noget at spise, tilbyde hende et bad og tilbyde hende at få vasket tøjet. Vi glemmer stolen. Vi glemmer, at den ikke er fri mere.

Når sindet er fyldt af noget, glemmer bevidstheden normalt sig selv. Vi glemmer, fordi vi bliver opslugt. Opmærksomheden bliver opslugt af indholdet. Vi glemmer, at alt, hvad opmærksomheden rettes mod, blot er en del af et bevidsthedsrum. Vi har det med at blive optaget af det, der nu fylder. Kan lide, kan ikke lide. Sige ja, sige nej. Derefter associerer vi.

Dobbeltrettet bevidsthed er ikke at blive opslugt af, hvem der sidder i stolen – bevidsthedens indhold. Men i stedet eller samtidigt lader man bevidstheden rette sig mod selve stolen – mod det bevidsthedsrum, som alt bevidsthedsindhold befinder sig i.

10.3 Forårets fylde

Jeg sidder og praktiserer.
Lungerne fyldes af forårsluften.
Øjet fyldes af forårsfarverne.
Ørerne fyldes af fuglenes forårssang.
Næsen fyldes af påskeliljernes sødlige duft.
Hjertet fyldes af taknemmelighed.
Taknemmelighed over at være levende.
Over at være i denne krop, i denne verden, på denne tid.
Over at kunne opleve det hele med åbne sanser, åbent hjerte og åbent sind.
Over at have muligheden for at opleve og mulighed for at slippe.
Slippe forårsluften, slippe forårsfarverne, slippe fuglesangen, slippe forårsduften og slippe taknemmeligheden.
Tomhed.
Den gyldne port står et øjeblik på klem.

10.4 Så uendeligt enkelt

Afspænding......total afspænding.
Vågenhed......total vågenhed.
Åbenhed......total åbenhed.
Hengivelse......total hengivelse.
At hengive sig ind i åbenheden.
At hengive sig ind i vågenheden.
At hengive sig ind i afspændingen.
Afspændt og vågent at hengive sig ind i åbenheden.
Med åben og afspændt krop og sind, bevidst at slippe ind i det at være vågen.
Det er så uendeligt enkelt
– når det en sjælden gang lykkes.

10.5 Optagethed, ting og vejen

Når jeg er optaget af ting, er jeg på afveje.
Når jeg er optaget af ikke-ting, kan jeg se vejen.
Når jeg er optaget af ingenting, står jeg på vejen.
Når jeg er ikke-optaget af ingenting, har jeg taget det første skridt på vejen.
Når ikke-jeg er ikke-optaget af ingenting, har jeg taget det næste skridt på vejen.
Når ikke-jeg er ikke-optaget af ingenting, men husker sig selv, er der ingen vej og ingen mål.

10.6 Bjørnekløer og praksis

I de mange år jeg er kommet i Langhuset ved Limfjorden, har bjørnekløerne været et problem. De har spredt sig over et stort område. Nogle steder står de meget tæt. Nogle steder er de små, og nogle steder er det store kraftfulde planter. De står i et sumpet område med siv, væltede træer og små søer og er derfor visse steder ikke særligt tilgængelige. Jeg vil tro, der står omkring 9.000 bjørnekløer. Hvis man ikke fjerner dem eller holder dem nede, vil de på få år kvæle alle andre planter, og de vil blive ved med at sprede sig. Det er vist nok en af de eneste planter i den vilde natur, man må bekæmpe med gift, og det er tilmed en plante, man har pligt til at bekæmpe. Hvis man slår op på nettet, kan man se, at det ikke kun er her i Langhuset, man har svært ved at komme af med dem. Man siger, at et antal på mere end 1000 planter gør det umuligt at komme problemet til livs ved manuel fjernelse. Det virker næsten som en dæmon, der har bosat sig i sumpen. Der er brugt meget tid på at diskutere problemet med bjørnekløerne over en kop te ved stambordet i køkkenet – jeg er selv én af dem, der har deltaget i diskussionerne. Jeg har også været med i forsøgene med bekæmpelsen. Konklusionen blev: Spademetoden/manuel fjernelse er den mest effektive metode. Det er også den metode, der kræver en kæmpe stor arbejdsindsats, når bjørnekløerne er i så store mængder.

Så jeg tænkte, at der kun er én ting at gøre: Smøg ærmerne ned – og ikke op, for at beskytte armene – og så i gang. På med handskerne og gummistøvler. Så starter dansen med sumpdæmonen. Den er svær at danse med. Den har hjælp fra myggene, der aggressivt opfatter mig som deres spisekammer. Så er der skovflåterne, der tilsyneladende elsker mit blod. Solen er også på sumpdæmonernes side i dansen. Når den er med i dansen, foregår det i saunaagtige temperaturer. Sveden driver, så min bluse bagefter kan vrides. Bjørnekloen er giftig, og man må ikke berøre den med bar hud. Så jeg er nødt til at beholde den langærmede bluse på. Det hele foregår i en tyk sødlig lugt, der står tæt i luften. Det er bjørnekløernes saft, der fordamper og er så gennemtrængende, at handskerne ikke er nok til at hænderne lang tid efter arbejdstimen lugter af bjørneklo. Tilsyneladende en ulig dans.

Mit trumfkort er vedholdenhed. Jeg plejer at kalde det, at min væddernatur (mit stjernetegn) kommer op i mig. Det ser ud til, at mit trumfkort overgår bjørnekloens fordele. Mindst 300 bjørnekløer om dagen ryger op. Så er det kun et spørgsmål om tid før problemet er løst. Og problemet blev løst.

Og hvad har så bjørnekløer med praksis at gøre?

Sumpen overskygges af uendeligt mange bjørnekløer.
Sindet overskygges af uendeligt mange tanker.
At blive fri for bjørnekløer – håbløst
At blive fri for tanker – håbløst
Men et cut med spaden giver håb
Et cut med praksis giver håb
Igen, igen – cut efter cut
Den ene bjørneklo efter den anden mister kraften
Den ene tanke efter den anden mister kraften
Tålmodigt og vedholdende – cut efter cut
Og pludselig en dag:
Du dybt i sindet finder ro,
Og jorden fri for bjørneklo.

10.7 Fra fangethed til frihed

Fanget i tankernes fængsel
Fanget i personlighedens fængsel
Fanget i følelsernes fængsel
Fanget i kroppens fængsel
Fanget i sansernes fængsel
Fanget i vanernes fængsel
Fanget i den korte levetids fængsel
Fanget i den uundgåelige døds fængsel
Længslens tårer kan ikke holdes tilbage
Længsel efter frihed fra fangethedens fængsel
Et lys tændes af mentoren
Det er fra en gammel visdoms lyskilde
Visdomskilden siger: At være opslugt af bevidsthedens indhold
er fængslets essens
At hvile i den selvvidende vågenhed er frihedens essens
Derfor siger kilden: Husk den selvvidende vågenhed
Derved bliver fangethed til frihed
Frihed er i tankerne
Frihed er i personligheden
Frihed er i følelserne
Frihed er i kroppen
Frihed er i sanserne
Frihed er i vanerne
Frihed er i livet
Frihed er i døden
Taknemmelighedens tårer kan ikke holdes tilbage
En taknemmelighed over, at en levende visdoms lyskilde findes
og viser vejen fra fangethed til frihed.

Afrunding

Det er nu oktober måned 2017. Den 1. august passerede jeg de tre år. De sidste tre måneder er en afrunding af retreatet, inden jeg slutter helt den 3. november. Jeg er begyndt at gå ned i antallet af meditationsperioder. Det giver plads til at skrive. Skriverierne er et forsøg på at foretage et tilbageblik på retreatet og et forsøg på at konkludere, hvad der kom ud af de tre år. Skriverierne er så blevet til denne bog. Jeg betragter bogen som et forsøg på at give mine erfaringer videre til andre praktiserende. Jeg er ikke en mand af mange ord – hverken i tale eller på skrift. Så skriverierne har været en ny og spændende udfordring.

Der har været bygget rigtig meget energi op, som jeg har skullet danse med, så det ikke blev til skævheder. Benene har kunnet klare det – det er jo også mange timer om dagen at sidde i skrædderstilling. Resten af kroppen har kunnet klare det. Dog har der som sagt været lidt 'lung'. Men ellers ikke en eneste sygedag.

Inger har kunnet klare det. Nogle gange har jeg været lige ved at blæse hende omkuld, når energien er blevet til mange ideer og projekter. Men hun har trods alt holdt sig på benene. Noget af overskudsenergien er også blevet brugt på hus og have. Nogle af naboerne har også undret sig over, hvor jeg har al den energi fra til alle de ting, jeg får lavet – og så i det tempo. Så set i bakspejlet er det dels lykkedes at opbygge meget energi og dels lykkedes at styre energien. Det meste af energien er det lykkedes at kanalisere ind i praksis.

Da jeg jo er søn af bankuddannede forældre, er jeg vokset op med tal. Et lidt sjovt tal er at omregne de mange timers meditation til arbejdstid og derefter til arbejdsløn. Som privatpraktiserende psykolog tager jeg 800 kroner for en konsultation, der varer 50 minutter. På retreatet har jeg siddet ca. 12.000 perioder, hvilket svarer til 12.000 konsultationstimer. Hvis man så ganger med 800, bliver det 9,6 millioner kroner. Altså kunne jeg – teoretisk set – have tjent 9,6 millioner kroner i stedet for at sidde i retreat. Hvis jeg ikke havde siddet i retreat og levet lige så spartansk, som var jeg i retreat. Og havde jeg tjent en almindelig god psykologløn ville det være realistisk, at jeg nu kunne have haft en opsparing på en halv million i banken. Et stort beløb i min målestok. Nærliggende er det jo så at spørge, om retreatet har været en halv million kroner værd. Ville jeg hellere lige nu have haft en halv million kroner på min bankkonto i stedet for nu at kunne sidde her i min skurvogn og se tilbage på tre år i retreat? Hvis jeg havde muligheden for at vælge, er jeg ikke i tvivl. Jeg vælger retreatet. En indre frihed kan ikke måles i penge. Hvis jeg har tag over hovedet, tøj på kroppen, en seng at sove i og mulighed for at spise mig mæt hver dag, har jeg ikke brug for ret meget mere. Værdierne ændrer sig for mig i takt med, at praksisprocessen har udviklet sig. Det går i retning af mere og mere forenkling af tilværelsen. Mindre interesse for penge, status, magt og materielle goder.

Et andet tal man kan se på, er antallet af praksisdrømme. Som tidligere nævnt har jeg haft gennemsnitlig ca. to praksisdrømme om måneden. Det er meget normalt for mig under retreat. Det nye er, at der har været seks praksisdrømme, hvor jeg i drømmens praksismoment nåede Rigpa og samtidig vidste, at det var Rigpa. Det, tænker jeg, man kan tage som et positivt tegn på en vis progression i praksis. Det er også min oplevelse, at der langsomt er sket en progression i dybden af slippene, hvor ofte det sker og i hvor lange stræk, jeg har kunnet være i dybe tilstande.

I dzogchen har der været tradition for meget hemmeligholdelse. Muligvis har en del af grunden til dette været, at instruktionerne ikke har skullet udvandes eller forfladiges. Selve introduktionen til essensen er jo meget enkelt og kan kortes ned til: "Kik ind". Så simple ord kan let miste sin styrke, hvis de ikke bliver udtrykt på rette tidspunkt af den rette mentor til de rette elever. Der var sandsynligvis mange andre gode grunde til hemmeligholdelse. I dag er der mindre hemmeligholdelse. F.eks. er mange af de gamle dzogchen tekster blevet oversat og tilgængelig for alle. Før var de kun for få udvalgte.

I den bog jeg nu er ved at afrunde, har jeg været forholdsvis åben og dermed muligvis brudt traditionen med hemmeligholdelse. Bogen er blevet til en personlig beretning. Mest fordi det ligger til mig at sige tingene, som jeg oplever dem. At kalde en spade for en spade og en skovl for en skovl. Men også fordi det – set gennem mine øjne – ligger mere i tiden at være åben omkring de ting, jeg har været inde på. Det giver mindre mulighed for at skabe en masse urealistiske fantasier, som let kan føre til uhensigtsmæssige projektioner.

Hvis en skeptiker af spirituel udvikling læser denne bog, håber jeg, at de værste fantasier kan afmonteres ved, at jeg har skrevet så åbent, som jeg har. Jeg er ikke en del af en nyreligiøs sekt, der hjernevasker og udnytter troskyldige åndeligt søgende mennesker – set fra mit perspektiv. Jeg håber, en skeptiker vil få det indtryk, at jeg er et helt almindeligt menneske, og at jeg fortsat er et helt almindeligt og selvstændigt menneske efter tre års intens retreat.

Hvis en tilhænger af spirituel udvikling læser denne bog, håber jeg også, at de værste fantasier kan afmonteres med bogens åbenhed. Selv om jeg lige nu stadig sidder i retreat-kolben, kan jeg – med de få kontakter jeg har haft med andre praktiserende – mærke, at jeg let kan blive en projektionsskærm. En projektionsskærm hvorpå spirituelle længsler kan afspilles. Projektioner, der i fantasien kan sætte mig op på en piedestal, som én der er kommet forfærdelig langt i en spirituel udvikling. Det er jeg ikke. Jeg håber, bogens åbenhed kan bekræfte dette.

Jeg håber også, at bogen kan inspirere andre praktiserende til at tage yderligere skridt i retning af opvågning.

Sammenlagt vil jeg sige, at de tre år har været de vigtigste i mit liv. Så stor intensitet, så meget energi, så meget klarhed, så meget glæde, så meget mentalt overskud og så meget fysisk overskud har jeg aldrig før oplevet i mit liv.

Konklusion

Retreatet har på rigtig mange måder givet mig uvurderligt meget. Med lidt humor kunne man så sige, at jeg derfor ikke har nået målet med praksis og med retreatet. Det har givet "mig" noget, og det kan vel ikke være meningen, når målet er at slippe sig selv, sit jeg. Er det ikke bare en identitet som en seriøst mediterende, der er styrket? Er dét at skrive en bog ikke også bare næring til jeg'et? Hvis man nu talte op, hvor mange gange jeg har brugt ordet "jeg" i disse skriverier, er det tydeligt for enhver, at målet ikke er nået. Jeg'et fylder stort set det hele. Det viser blot hvor lidt langt, jeg er kommet i praksisprocessen. Det vil jeg blankt erkende. Det er virkeligheden. Mikroskopiske glimt af frihed fra jeg'et har der dog været. Det er også virkeligheden.

Det er glimt, som trods alt giver et lille håb om, at der er en vej gennem alle de jeg-skabte problemer. At der er mulighed for lidt mere ægte empati og venlighed, som kan komme fra et dybere og ikke-egoistisk sted. At der er mulighed for lidt mindre grådighed, mindre egoisme, mindre hævngerrighed, mere hensyn til andres bedste og mere hensyn til jordklodens bedste. Det er muligheder både for mig og for alle andre. Det giver også en mulighed for, at der kan trædes en dansk sti, som de næste generationer af spirituelt søgende kan udforske og få gavn af. Det er ikke fordi, jeg tror hele det store projekt, Jes har igangsat, vil skabe nogen særlig ændring på den store globale scene. Men mange bække gør som bekendt en stor å.

Nu, hvor jeg er meget tæt på at skulle ud af retreatet, skal jeg finde ud af, hvad der skal ske i mit liv. Jeg har tænkt det nøje igennem og nået frem til, at der kun er én ting at gøre: At fortsætte ad samme spor. Grunden er, at jeg føler, at jeg først lige er gået i gang med en lang og spændende rejse. En rejse som er det mest meningsfyldte, jeg kan forestille mig lige nu.

Derfor har jeg besluttet mig for at gå i et nyt tre-års retreat. Men først efter ti måneders retreat-pause. Så kan jeg lige komme ud og få købt et par nye sko og få smidt de gamle udtrådte ud. Jeg kan også komme ud og se, om verden udenfor retreat-kolben har forandret sig – det har den sikkert, men ikke nødvendigvis til noget bedre.

Skurvognen, oktober 2017

Billeder

Vinteren 2013/2014: Ombygning af en gammel skurvogn.

Så er alt i retreat-oasen klar til retreat på tre år. Til højre for skurvognen er det meditations-shelter, jeg oftest sidder i. Her har jeg siddet i tusindvis af timer.

Skøn udsigt fra shelteret efter solnedgang. Jeg holder meget af at se ud mod den åbne himmel, når jeg mediterer. Det giver en fornemmelse af uendelighed og minder om, at vi bare er et lille fnug i et kæmpe univers.

Om sommeren er søen fyldt med åkander og et rigt insektliv.

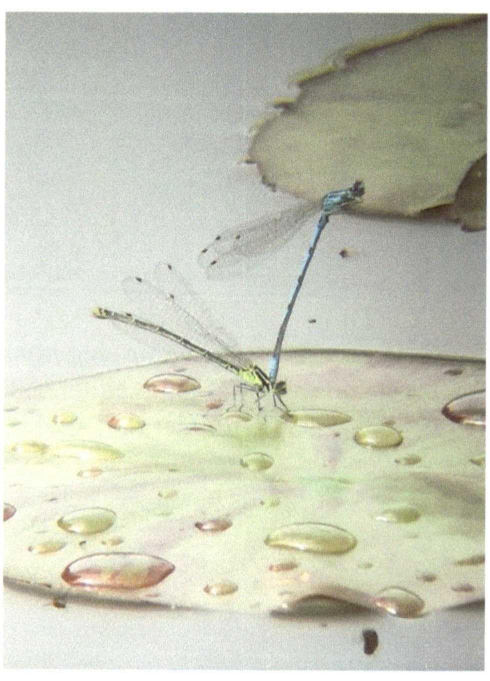

Sumpmejsen – en af de mange fugle omkring skurvognen.

Musvitten er også en af de hyppige gæster[1].

---

[1] Er du interesseret i fuglelivet omkring skurvognen se: Karsten Frederiksen: "Naturen omkring en skurvogn – set gennem et kamera", Books om Demand, 2018.

Den uundværlige brændeovn som bruges flittigt i den kolde tid.

Mit primitive køkken.

Psykologklinikken, som ind imellem er kursuslokale.

Her ses et af husets rum, som er indrettet til kursister.

Efterskrift

Det er nu tre et halvt år siden, jeg skrev denne bog. Jeg valgte dengang at lade den ligge og var ikke sikker på, om den i det hele taget skulle udgives. Der er en øget interesse for at gå i lange retreats. Dermed er der også en øget efterspørgsel efter at få del i de erfaringer, jeg har gjort mig. Udgivelsen er derfor et forsøg på at dele ud af mine retreat-erfaringer.

Siden tre-års retreatet har jeg fulgt det, jeg nåede frem til i de afsluttende konklusioner: Først ti måneders retreat-pause. Derefter opstart af et nyt tre-års retreat. Dette retreat nærmer sig nu en afslutning. Som ved afslutningen af det første tre-års retreat, er jeg også denne gang gået i gang med at skrive erfaringerne ned. Dette kan muligvis blive til en ny bog.

Skurvognen, juni 2021